BENEFÍCIOS ESPECIAIS GERIDOS PELO INSS / UNIÃO

FREDERICO AMADO

BENEFÍCIOS ESPECIAIS GERIDOS PELO INSS / UNIÃO

INCLUI OS SEGUINTES BENEFÍCIOS:

- Ex-combatentes da 2ª Guerra
- Anistiados políticos
- Talidomida
- Soldados da borracha
- Hemodiálise de Caruaru
- Hanseníase
- Campeões do mundo de futebol
- Zika vírus
- Césio-137
- Órfãos do feminicídio
- Maria da Penha
- Batalhão Suez
- Complementação dos ferroviários
- Complementação dos Correios
- Migração previdenciária do servidor federal

2025

EDITORA JusPODIVM

www.editorajuspodivm.com.br

EDITORA
*Jus*PODIVM
www.editorajuspodivm.com.br

Rua Canuto Saraiva, 131 – Mooca – CEP: 03113-010 – São Paulo – São Paulo
Tel: (11) 3582.5757
• Contato: https://www.editorajuspodivm.com.br/central-de-relacionamento

Diagramação: Claudia Fatel Lino (*claudiafatellino@gmail.com*)

Capa: Ana Caquetti

A481b Amado, Frederico
Benefícios Especiais Geridos pelo INSS / União / Frederico Amado – São Paulo: Editora JusPodivm, 2025.
216 p.

ISBN: 978-85-442-6112-5

1. Direito Previdenciário. I. Amado, Frederico. II. Título.

CDD 341.6

BIBLIOTECÁRIA RESPONSÁVEL
Ana Carolina Ribeiro Mois – CRB7 – RJ 007348/0

SUMÁRIO

INTRODUÇÃO

Além dos benefícios previdenciários previstos na Lei 8.213/91 e dos benefícios assistenciais da Lei 8.742/1993, bem como o seguro defeso do pescador artesanal, existem benefícios previdenciários, ressarcitórios ou mesmo assistenciais pagos pelo INSS ou por órgãos da União instituídos por legislação especial, em favor de determinadas pessoas que se encontram em situações peculiares.

Essas prestações são intituladas de *benefícios especiais geridos pelo INSS ou União* e serão abordados os seguintes nesta obra:

1. Aposentadoria do ex-combatente da 2ª Guerra Mundial: Lei 5.698/1971
2. Pensão especial do ex-combatente da 2ª Guerra Mundial: Lei 8.059/1990
3. Aposentadoria ou pensão excepcional do anistiado político, reparação pecuniária e anistiados das Leis 8.632/1993 e 11.282/2006
4. Pensão especial vitalícia para as vítimas da Talidomida: Lei 7.070/1982
5. Pensão mensal vitalícia dos seringueiros: art. 54 do ADCT e Lei 7.986/1989
6. Pensão mensal das vítimas da hemodiálise de Caruaru: Lei 9.422/1996
7. Pensão mensal das vítimas da Hanseníase: Lei 11.520/2007 e 14.736/2023
8. Auxílio especial mensal dos campeões mundiais de futebol de 1958, 1962 e 1970: Lei 12.663/2012

9. Pensão especial destinada a crianças com microcefalia e outras doenças neurológicas decorrentes do Zika Vírus: Lei 13.985/2020
10. Pensão vitalícia: contaminados em Goiânia pelo Césio-137: Lei 9.425/1996
11. Pensão especial em favor de órfãos na situação de crime de feminicídio: Lei 14.717/2023
12. Benefício cautelar por até 6 meses em favor da mulher vítima de violência doméstica: Lei 11.340/2006
13. Pensão especial aos ex-integrantes do Batalhão Suez: Lei 14.765/2023
14. Complementação das aposentadorias dos ferroviários paga pela União: Lei 8.186/1991
15. Complementação de aposentadorias e pensões dos antigos funcionários do departamento de correios e telégrafos: Lei 8.529/1992
16. Benefício especial pela migração previdenciária do servidor federal: Lei 12.618/2012

CAPÍTULO 1

APOSENTADORIA DO EX-COMBATENTE DA 2ª GUERRA MUNDIAL: LEI 5.698/1971

No âmbito do Regime Geral de Previdência Social, é prevista uma aposentadoria aos ex-combatentes que participaram da 2ª Guerra Mundial, que não se confunde com a pensão especial paga pela União no âmbito do seu Regime Próprio de Previdência Social, na forma do artigo 53, II, do ADCT, da Constituição Federal de 1988.

Inclusive, no caso da pensão especial de ex-combatente, em se tratando de dependente incapaz, o termo inicial para o pagamento do benefício da pensão especial de ex-combatente é o óbito do instituidor, conforme firmado pela Corte Especial do STJ:

CORTE ESPECIAL

596- PROCESSO	**EREsp 1.141.037-SC, Rel. Min. Humberto Martins, por unanimidade, julgado em 7/12/2016, DJe 16/12/2016.**
RAMO DO DIREITO	DIREITO ADMINISTRATIVO
TEMA	Pensão especial de ex-combatente. Termo inicial para concessão do benefício. Beneficiário incapaz.

DESTAQUE
Em se tratando de dependente incapaz, o termo inicial para o pagamento do benefício da pensão especial de ex-combatente é o óbito do instituidor.
INFORMAÇÕES DO INTEIRO TEOR
Busca-se a uniformização do entendimento no STJ quanto à data de início do pagamento de pensão de ex-combatente, quando requerida por incapaz. A fim de indicar a divergência entre órgãos julgadores do STJ, aduz-se como acórdão paradigma o AgRg no REsp 1.309.471-RS (Segunda Turma, DJe 8/2/2013), segundo o qual "O entendimento jurisprudencial do STJ é pacífico no sentido de que não corre a prescrição contra incapazes [...], todavia, tal entendimento não se aplica à pensão de ex-combatente, porquanto o art. 53, II, do ADCT e a própria Lei n. 8.059/90 já asseguram a imprescritibilidade do fundo de direito, condicionando o início do pagamento da pensão à data do requerimento administrativo, conforme precedentes desta Corte e opinativo do Ministério Público Federal". Todavia, conforme orientação da Segunda e Sexta Turma do STJ, o termo inicial para o pagamento de pensão especial de ex-combatente quando ausente o prévio requerimento administrativo é a data da citação. Contudo, em se tratando de incapaz, é da data do óbito. De fato, à luz do art. 53, II, do ADCT e do art. 10 da Lei 8.059/90, não há falar em prescrição do fundo de direito da pretensão de recebimento de pensão especial de ex-combatente, esta pode ser requerida a qualquer tempo. Por sua vez, o Código Civil Brasileiro adotou o sistema protetivo dos interesses do absolutamente incapaz de que trata o art. 3º do mesmo **Codex**, de forma que contra ele não corre a prescrição. Como cediço, o prazo de prescrição começa a correr no momento que nasce a pretensão. No caso dos incapazes, o exercício da pretensão fica postergado para o momento do suprimento da incapacidade, razão pela qual é devida a pensão a partir da data do falecimento do instituidor da pensão.

Esse benefício especial já foi regulado pelas Leis 288/48 e 1.756/52 e, posteriormente, pela *Lei 4.297/63*, que possibilitava a aposentadoria integral sem o teto previdenciário, apenas pela média das últimas 12 remunerações:

> "Art. 1º Será concedida, após 25 anos de serviço, a aposentadoria sob a forma de renda mensal vitalícia, igual à média do salário integral realmente percebido, durante os 12 meses anteriores à respectiva concessão, ao segurado ex-combatente, de qualquer Instituto de Aposentadoria e Pensões ou Caixa de Aposentadoria e Pensões, com qualquer idade, que tenha servido, como convocado ou não, no teatro de operações da Itália – no período de 1944-45 – ou que tenha integrado a Força Aérea Brasileira ou a Marinha de Guerra ou a Marinha Mercante e tendo nestas últimas participado de comboios e patrulhamento."

Após a Constituição Federal de 1967, esta aposentadoria passou a ser regida pela *Lei 5.698/71*, com um conceito mais amplo de ex-combatente, mas submetendo a aposentadoria às regras gerais da Previdência Social Urbana, especialmente o teto e a forma de cálculo, resguardado o direito adquirido de quem já tivesse realizado as condições até a vigência do novo regramento[1]:

> "**Art. 1º** O ex-combatente segurado da previdência social e seus dependentes terão direito às prestações previdenciárias, concedidas, mantidas e reajustadas de conformidade com o regime geral da legislação orgânica da previdência social, salvo quanto:
>
> I – ao tempo de serviço para aquisição do direito à aposentadoria por tempo de serviço ou ao abono de permanência em serviço, que será de 25 (vinte e cinco) anos:

1. De acordo com a Súmula 84, do extinto Tribunal Federal de Recursos, "a aposentadoria assegurada no art. 197, letra "c", da Constituição Federal, aos ex-combatentes, submete-se, quanto ao cálculo dos proventos, aos critérios da legislação previdenciária, ressalvada a situação daqueles que, na vigência da Lei nº 4.297, de 1963, preencheram as condições nela previstas".

II – à renda mensal do auxílio-doença e da aposentadoria de qualquer espécie, que será igual a 100% (cem por cento) do salário-de-benefício, definido e delimitado na legislação comum da previdência social.

Parágrafo único. Será computado como tempo de serviço, para os efeitos desta Lei, o período de serviço militar prestado durante a guerra de 1939 a 1945.

Art. 2º Considera-se ex-combatente, para os efeitos desta Lei, o definido como tal na Lei nº 5.315, de 12 de setembro de 1967, bem como o integrante da Marinha Mercante Nacional que, entre 22 de março de 1941 e 8 de maio de 1945, tenha participado de pelo menos duas viagens em zona de ataques submarinos.

Parágrafo único. Consideram-se, ainda, ex-combatentes, para os efeitos desta Lei, os pilotos civis que, no período referido neste artigo, tenham comprovadamente participado, por solicitação de autoridade militar, de patrulhamento, busca, vigilância, localização de navios torpedeados e assistência aos náufragos."

Frise-se que para os benefícios concedidos até 31 de agosto de 1971, a partir de 16 de dezembro 1998, o pagamento mensal não poderá ser superior à remuneração do cargo de Ministro de Estado e, a contar de 31 de dezembro de 2003, à remuneração de Ministro do STF.

Nesse sentido a IN INSS 128/2022:

"Art. 452. Os benefícios de ex-combatentes, aposentadoria e pensão por morte, concedidos com base nas Leis revogadas nº 1.756, de 1952, e nº 4.297, de 1963, a partir de 1º de setembro de 1971, passaram a ser reajustados pelos mesmos índices de reajustes aplicáveis aos benefícios de prestação continuada da Previdência Social. ***Parágrafo único. Para os benefícios concedidos até 31 de agosto de 1971, com base nas leis revogadas a que se refere o caput, a partir***

de 16 de dezembro 1998, o pagamento mensal não poderá ser superior à remuneração do cargo de Ministro de Estado e, a contar de 31 de dezembro de 2003, à remuneração de Ministro do Supremo Tribunal Federal - STF".

O recorte intertemporal do INSS é equivocado, **pois não deve ser utilizada a data da concessão e sim a data da formação do direito**. Nesse sentido, o STJ:

PROCESSO

AR 3532 / PR

AÇÃO RESCISÓRIA

2006/0074559-0

RELATOR

Ministro SEBASTIÃO REIS JÚNIOR (1148)

REVISOR

Ministro MARCO AURÉLIO BELLIZZE (1150)

ÓRGÃO JULGADOR

S3 – TERCEIRA SEÇÃO

DATA DO JULGAMENTO

26/06/2013

DATA DA PUBLICAÇÃO/FONTE

DJe 15/08/2013

EMENTA

AÇÃO RESCISÓRIA. VIOLAÇÃO DE LITERAL DISPOSIÇÃO DE LEI. ART. 485, V, DO CPC. EX-COMBATENTE. APOSENTADORIA NA VIGÊNCIA DA LEI N. 4.297/1963. REAJUSTAMENTO CONFORME O ART. 2º DA MENCIONADA LEI. ACÓRDÃO RESCINDENDO EM CONSONÂNCIA COM O ENTENDIMENTO DESTA CORTE. LIMITAÇÃO DO REAJUSTAMENTO À PARCELA INFERIOR AO TETO DE DEZ SALÁRIOS MÍNIMOS. SÚMULA 343/STF.

1. O Superior Tribunal de Justiça possui jurisprudência pacífica no sentido de que, preenchidos os requisitos da aposentadoria na vigência da Lei n. 4.297/1963, o ex-combatente deve ter seus proventos iniciais calculados em valor correspondente ao de sua remuneração à época da inativação e reajustados conforme preceitua a mencionada lei.

2. A interpretação de dispositivo em consonância com a jurisprudência pacífica desta Corte não autoriza a ação rescisória fundada no art. 485, V, do Código de Processo Civil.

3. Não cabe ação rescisória por ofensa a literal dispositivo de lei, quando a decisão rescindenda se tiver baseado em texto legal de interpretação controvertida nos tribunais (Súmula 343/STF).

4. Ação rescisória improcedente.

O artigo 446, da Instrução Normativa INSS PRES 128/2022, especifica os ex-combatentes do Exército, Aeronáutica e Marinha que têm direito:

"**Art. 446.** São considerados ex-combatentes os segurados enquadrados nas seguintes situações:

I – no Exército:

a) os que tenham integrado a Força Expedicionária Brasileira – FEB, servindo no teatro de operações de guerra da Itália, entre 1944 e 1945; e

b) os que tenham participado efetivamente de missões de vigilância e segurança do litoral, como integrantes da guarnição de ilhas oceânicas ou de unidades que se deslocaram de suas sedes para o cumprimento daquelas missões;

II – na Aeronáutica:

a) os que tenham integrado a Força Aérea Brasileira – FAB, em serviço de comboios e patrulhamento durante a guerra no período de 1942 a 1945;

b) os que tenham sido tripulantes de aeronaves engajadas em missões de patrulha; e

c) os pilotos civis que, no período compreendido entre 22 de março de 1941 a 8 de maio de 1945, tenham comprovadamente participado, por solicitação de autoridade militar, de patrulhamento, busca, vigilância, localização de navios torpedeados e assistência aos náufragos;

III – na Marinha:

a) os que tenham participado de comboio de transporte de tropas ou de abastecimento ou de missões de patrulhamento;

b) os que tenham participado efetivamente de missões de vigilância e segurança do litoral, como integrantes de guarnições de ilhas oceânicas;

c) os que tenham sido tripulantes de navios de guerra ou de mercantes atacados por inimigos ou destruídos por acidente; e

d) os que, como integrantes da Marinha Mercante Nacional, tenham participado pelo menos de duas viagens em zona de ataques submarinos, no período compreendido entre 22 de março de 1941 a 8 de maio de 1945;

IV – em qualquer Ministério Militar, aqueles que integraram tropas transportadas em navios escoltados por navios de guerra.

Parágrafo único. Não é considerado ex-combatente, para efeito do amparo da Lei Especial de que trata esta Seção, o brasileiro que tenha prestado serviço militar nas Forças Armadas Britânicas, durante a Segunda Guerra Mundial."

A prova da condição de ex-combatente será feita por Certidão fornecida pelos então Ministérios Militares, pelo Ministério da Defesa ou pelos Comandos das Forças Armadas, na qual, além de afirmada a condição de Ex-Combatente do requerente, seja indicado o período em que serviu e a situação em que se enquadra.

A aposentadoria por tempo de contribuição é devida ao segurado ex-combatente que contar com 25 (vinte e cinco anos) de serviço efetivo, sendo a RMI igual a 100% (cem por cento) do salário de benefício.

Os benefícios de ex-combatentes podem ser acumulados com a pensão especial instituída pela Lei nº 8.059, de 14 de julho de 1990, na forma disposta no Parecer nº 175/CONJUR, de 18 de setembro de 2003, do Ministério da Defesa e na Nota CJ/MPS nº 483, de 18 de abril de 2007.

Não será computado em dobro o período de serviço militar que tenha garantido ao segurado a condição de Ex-Combatente, exceto o período de embarque em zona de risco agravado, conforme o Decreto-Lei nº 4.350, de 30 de maio de 1942, desde que certificado pelo Ministério da Defesa ou órgão equivalente.

O cálculo do salário de benefício do auxílio por incapacidade temporária, das aposentadorias por incapacidade permanente, por idade ou por tempo de contribuição do ex-combatente, observará as mesmas regras estabelecidas para o cálculo dos benefícios em geral, inclusive quanto à limitação que trata o art. 33 da Lei nº 8.213, de 1991.

No caso de pensão por morte do segurado ex-combatente, a habilitação dos dependentes, bem como o cálculo, o rateio e a extinção de cotas, serão regidos pelas normas em vigor para os demais benefícios de pensão do RGPS.

Os benefícios de ex-combatentes, aposentadoria e pensão por morte, concedidos com base nas Leis revogadas nº 1.756, de 1952, e nº 4.297, de 1963, a partir de 1º de setembro de 1971, passaram a ser reajustados pelos mesmos índices de reajustes aplicáveis aos benefícios de prestação continuada da Previdência Social.

De acordo com o STJ, "nos termos do art. 1º da Lei nº 5.315/67, considera-se ex-combatente da Aeronáutica aquele que participou de operações bélicas na Segunda Guerra Mundial, ou seja, possuidor do diploma da Medalha de Campanha da Itália ou, ainda, do diploma da Cruz de Aviação, para os tripulantes de aeronaves engajadas em missões de patrulha" (AR 3.906/SC, Relator Ministro FELIX FISCHER, DJe 08/02/2010). "Não autoriza o gozo do benefício à pensão especial de ex-combatente, o militar da Aeronáutica que, apesar de ter prestado serviço em zona de guerra, não conseguiu demonstrar, nos termos da lei, que tenha participado efetivamente de operações bélicas" (AgRg no AgRg no REsp 958.491/SC, Relator Ministro OG FERNANDES, DJe 15/09/2008).

Para a TNU (Informativo 26/2018), "uniformizado o entendimento no sentido de que não é considerado ex-combatente da Segunda Guerra Mundial, nos termos da Lei n. 5.315/67, o militar que, após a conflagração mundial, permaneceu na carreira até ser transferido para a reserva remunerada" (PEDILEF n. 5013644-16.2014.4.04.7200).

Vale ressaltar que não é considerado ex-combatente, para efeitos de concessão deste benefício, o brasileiro que tenha prestado serviço militar nas Forças Armadas Britânicas, durante a II Guerra Mundial.

De acordo com o TCU, "o falecimento de ex-combatente da Segunda Guerra Mundial antes da vigência da Lei 8.059/90 não impede os respectivos pensionistas, desde que preenchidos os requisitos legais, de receber a pensão especial prevista no art. 53, inciso II, do ADCT (como segundo-tenente das Forças Armadas)"[2].

2. Acórdão 6702/2015 Primeira Câmara (Pensão especial de ex-combatente, Relator Ministro-Substituto Weder de Oliveira).

CAPÍTULO 2

PENSÃO ESPECIAL DO EX-COMBATENTE DA 2ª GUERRA MUNDIAL: LEI 8.059/1990

A Lei 8.059/90 regula a pensão especial devida a quem tenha participado de operações bélicas durante a Segunda Guerra Mundial, nos termos da Lei nº 5.315, de 12 de setembro de 1967, e aos respectivos dependentes (Ato das Disposições Constitucionais Transitórias, art. 53, II e III), assim considerado o benefício pecuniário pago mensalmente ao ex-combatente ou, em caso de falecimento, a seus dependentes.

De acordo com o artigo 53, II, do ADCT da CF/1988, ao ex-combatente que tenha efetivamente participado de operações bélicas durante a Segunda Guerra Mundial, nos termos da Lei nº 5.315, de 12 de setembro de 1967, é assegurado o direito à **pensão especial** correspondente à deixada por segundo-tenente das Forças Armadas, que poderá ser requerida a qualquer tempo, **sendo inacumulável com quaisquer rendimentos recebidos dos cofres públicos, exceto os benefícios previdenciários**, ressalvado o direito de opção.

A pensão especial corresponderá à pensão militar deixada por segundo-tenente das Forças Armadas, sendo inacumulável com quaisquer rendimentos percebidos dos cofres públicos, exceto os benefícios previdenciários.

O ex-combatente, ou dependente legalmente habilitado, que passar a receber importância dos cofres públicos perderá o direito à pensão especial pelo tempo em que permanecer nessa situação, não podendo a sua cota-parte ser transferida a outros dependentes.

Consideram-se dependentes do ex-combatente para fins desta lei:

> I – a viúva (com presunção de dependência econômica);
>
> II – a companheira (com presunção de dependência econômica);
>
> III – o filho e a filha de qualquer condição, solteiros, menores de 21 anos ou inválidos (com presunção de dependência econômica);
>
> IV – o pai e a mãe inválidos (sem presunção de dependência econômica); e
>
> V – o irmão e a irmã, solteiros, menores de 21 anos ou inválidos (sem presunção de dependência econômica).

A pensão especial é devida ao ex-combatente e somente em caso de sua morte será revertida aos dependentes, sendo dividida entre o conjunto dos dependentes habilitáveis em cotas-partes iguais.

A pensão especial não será deferida:

- I – à ex-esposa que não tenha direito a alimentos;
- II – à viúva que voluntariamente abandonou o lar conjugal há mais de cinco anos ou que, mesmo por tempo inferior, abandonou-o e a ele recusou-se a voltar, desde que esta situação tenha sido reconhecida por sentença judicial transitada em julgado;
- III – à companheira, quando, antes da morte do ex-combatente, houver cessado a dependência, pela ruptura da relação concubinária;

- IV – ao dependente que tenha sido condenado por crime doloso, do qual resulte a morte do ex-combatente ou de outro dependente.

A ex-esposa que estiver percebendo alimentos por força de decisão judicial terá direito a pensão especial no valor destes, se inferior à sua cota ordinária e, havendo excesso, este se destinará aos demais dependentes.

O benefício será pago mediante requerimento, devidamente instruído, em qualquer organização militar do ministério competente, se na data do requerimento o ex-combatente, ou o dependente.

É da competência do Ministério Militar ao qual esteve vinculado o ex-combatente durante a Segunda Guerra Mundial o processamento da pensão especial, desde a habilitação até o pagamento, inclusive nos casos de substituição a outra pensão ou reversão.

Estando o processo devidamente instruído, a autoridade designada pelo Ministro competente autorizará o pagamento da pensão especial, em caráter temporário, até a apreciação da legalidade da concessão e registro pelo Tribunal de Contas da União.

A cota-parte da pensão dos dependentes se extingue, não acarretando a transferência da cota-parte aos demais dependentes:

- I – pela morte do pensionista;
- II – pelo casamento do pensionista;
- III – para o filho, filha, irmão e irmã, quando, não sendo inválidos, completam 21 anos de idade;
- IV – para o pensionista inválido, pela cessação da invalidez.

Conforme o STJ, "**não é possível a cumulação de pensão previdenciária de ex-combatente com a pensão especial prevista no art. 53 da ADCT, se possuírem o mesmo fato gerador.** Caso a pensão especial e o benefício previdenciário tenham o mesmo fato gerador, qual seja, a condição de ex-combatente do de cujos, restará impossibilitada a cumulação, conforme preceitua o art. 53, II, do ADCT. Perceber outra aposentadoria/pensão instituída para beneficiar o ex-combatente que não recebe nenhum rendimento dos cofres públicos é, de forma direta e frontal, colidir com o obstáculo que o legislador constitucional instituiu no inc. II do art. 53 do ADCT. Precedentes citados: AgRg no REsp. 868.439-RJ, DJe 22/11/2010, e AgRg no AgRg no REsp 1.076.853-RN, DJe 2/8/2010. AgRg no REsp 1.314.687-PE, Rel. Min. Napoleão Nunes Maia Filho, julgado em 27/11/2012" (Informativo 512).

Neste precedente o STJ vedou à viúva acumular pensão de ex-combatente com pensão por morte com lastro na Lei 8.213/91:

> **PROCESSO**
>
> AR 5357 / RN
>
> AÇÃO RESCISÓRIA
>
> 2014/0070497-8
>
> **RELATOR**
>
> Ministro MAURO CAMPBELL MARQUES (1141)
>
> **REVISOR**
>
> Ministro BENEDITO GONÇALVES (1142)
>
> **ÓRGÃO JULGADOR**
>
> S1 – PRIMEIRA SEÇÃO
>
> **DATA DO JULGAMENTO**
>
> 13/05/2015
>
> **DATA DA PUBLICAÇÃO/FONTE**
>
> DJe 01/06/2015
>
> **EMENTA**
>
> PROCESSUAL CIVIL E ADMINISTRATIVO. AÇÃO RESCISÓRIA. ART. 485, V, DO CPC. EX-COMBATENTE. PENSÃO

ESPECIAL. ART. 53, II, DO ADCT. FILHA MAIOR. PRETENSÃO DE CUMULAÇÃO COM PENSÃO PREVIDENCIÁRIA. IMPOSSIBILIDADE. MESMO FATO GERADOR. ACÓRDÃO RESCINDENDO EM SINTONIA COM A JURISPRUDÊNCIA DO STJ. AÇÃO RESCISÓRIA IMPROCEDENTE.

1. Pretende autora desconstituir acórdão transitado em julgado proferido pela Sexta Turma do STJ que julgou improcedente o pedido autoral ao entendimento de que a pensão especial prevista no art. 53 do ADCT não pode ser cumulada com a pensão previdenciária decorrente do mesmo fato gerador.

2. Sustenta a autora que o acórdão rescindendo violaria a literalidade dos arts. 53, II e III, do ADCT e dos arts. 4° e 5°, III da Lei 8.059/1990, na medida que inexistiria óbice à cumulação da pensão de ex-combatente com a pensão previdenciária já percebida, porquanto não decorrem de mesmo fato gerador, já que "a condição de pensionista da autora, perante o Instituto Nacional do Seguro Social, é decorrente da qualidade de segurado – contribuinte autônomo – que ostentava o instituidor do benefício, perante a Previdência Social", sendo o benefício previdenciário concedido com base no art. 18, II, "a", da Lei 8.213/1991.

3. É firme o entendimento no âmbito do Superior Tribunal de Justiça no sentido de admitir a cumulatividade da pensão especial de ex-combatente prevista no art. 53 do ADCT com outro benefício de natureza previdenciário, **desde que não possuam o mesmo fato gerador.**

Precedentes.

4. *In casu*, a despeito da alegação da autora no sentido de que o benefício previdenciário auferido por ela decorre de fato gerador diverso, observo que o acórdão rescindendo, ao rejeitar a pretensão autoral o fez ao entendimento de que "a pensão já percebida pela parte agravante refere-se à pensão por morte de militar ex-combatente (fls. 16-19)",

o que é corroborado pelos documentos de fls. 190/191-e, que demonstram que a autora percebe benefício previdenciário denominado "pensão por morte de ex-combatente", deferido desde 03/10/1992. Desta forma, tanto a pensão percebida, como a postulada possuem o mesmo fato gerador, qual seja, a qualidade de ex-combatente do de cujus, não prosperando, portanto, a pretensão autoral.

5. Ação rescisória julgada improcedente, com resolução do mérito, nos termos do art. 269, inciso I, do CPC.

NORMATIZAÇÃO DO INSS – INSTRUÇÃO NORMATIVA 128/2022:

Seção V

Do ex-combatente

Art. 446. São considerados ex-combatentes os segurados enquadrados nas seguintes situações:

I – no Exército:

a) os que tenham integrado a Força Expedicionária Brasileira – FEB, servindo no teatro de operações de guerra da Itália, entre 1944 e 1945; e

b) os que tenham participado efetivamente de missões de vigilância e segurança do litoral, como integrantes da guarnição de ilhas oceânicas ou de unidades que se deslocaram de suas sedes para o cumprimento daquelas missões;

II – na Aeronáutica:

a) os que tenham integrado a Força Aérea Brasileira – FAB, em serviço de comboios e patrulhamento durante a guerra no período de 1942 a 1945;

b) os que tenham sido tripulantes de aeronaves engajadas em missões de patrulha; e

c) os pilotos civis que, no período compreendido entre 22 de março de 1941 a 8 de maio de 1945, tenham comprovadamente participado, por solicitação de autoridade militar, de patrulhamento, busca, vigilância, localização de navios torpedeados e assistência aos náufragos;

Art. 447. A prova da condição de ex-combatente será feita por Certidão fornecida pelos então Ministérios Militares, pelo Ministério da Defesa ou pelos Comandos das Forças Armadas, na qual, além de afirmada a condição de ex-combatente do requerente, seja indicado o período em que serviu e a situação em que se enquadra, entre as referidas no art. 446.

§ 1º No caso de segurados que tenham servido ao Exército, é imprescindível que a expedição da Certidão tenha obedecido ao disposto na Portaria nº 19-GB, do Ministério do Exército, de 12 de janeiro de 1968, publicada no Diário Oficial da União – DOU de 26 de janeiro de 1968.

§ 2º As certidões expedidas pelas Organizações Militares do Ministério do Exército anteriormente a 15 de setembro de 1967, data da publicação da Lei nº 5.315, de 12 de setembro de 1967, poderão, entretanto, serem aceitas para fins de benefícios de ex-combatentes, desde que consignem os elementos necessários à caracterização do segurado como Ex-Combatente, nas condições do inciso I do art. 446.

§ 3º A prova da condição referida na alínea "d" do inciso III do art. 446 será feita por Certidão do Estado Maior da Armada, da Diretoria de Portos e Costas, em que conste haver o interessado realizado, no mínimo, duas viagens em zona de ataques submarinos, indicando os períodos de embarque e desembarque e as respectivas embarcações.

§ 4º As informações constantes na Certidão serão confrontadas com os registros das cadernetas de matrícula.

§ 5º A Certidão fundamentada apenas em declaração feita em Justificação Judicial não produz, na Previdência Social, efeitos probatórios do direito alegado.

Art. 448. A aposentadoria por tempo de contribuição é devida ao segurado ex-combatente que contar com 25 (vinte e cinco anos) de serviço efetivo, sendo a RMI igual a 100% (cem por cento) do salário de benefício.

Parágrafo único. Os benefícios de ex-combatentes podem ser acumulados com a pensão especial instituída pela Lei nº 8.059, de 14 de julho de 1990, na forma disposta no Parecer nº 175/CONJUR, de 18 de setembro de 2003, do Ministério da Defesa e na Nota CJ/MPS nº 483, de 18 de abril de 2007.

Art. 449. Não será computado em dobro o período de serviço militar que tenha garantido ao segurado a condição de ex-combatente, exceto o período de embarque em zona de risco agravado, conforme o Decreto-Lei nº 4.350, de 30 de maio de 1942, desde que certificado pelo Ministério da Defesa ou órgão equivalente.

Art. 450. O cálculo do salário de benefício do auxílio por incapacidade temporária, das aposentadorias por incapacidade permanente, por idade ou por tempo de contribuição do ex-combatente, observará as mesmas regras estabelecidas para o cálculo dos benefícios em geral, inclusive quanto à limitação que trata o art. 33 da Lei nº 8.213, de 1991.

§ 1º O valor da RMI dos benefícios de que trata o caput será igual a 100% (cem por cento) do salário de benefício.

§ 2º Conforme definido no Parecer CJ/MPS nº 3.052, de 30 de abril de 2003, o termo "aposentadoria com proventos integrais", inserto no inciso V do art. 53 dos Atos das Disposições Constitucionais Transitórias da Constituição Federal de 1988, não assegura ao ex-combatente aposentadoria com valor equivalente à remuneração que este percebia na atividade, devendo ser aplicado a regra definida no caput.

Art. 451. No caso de pensão por morte do segurado ex-combatente, a habilitação dos dependentes, bem como o cálculo, o rateio e a extinção de cotas, serão regidos pelas normas em vigor para os demais benefícios de pensão do RGPS.

Art. 452. Os benefícios de ex-combatentes, aposentadoria e pensão por morte, concedidos com base nas Leis revogadas nº 1.756, de 1952, e nº 4.297, de 1963, a partir de 1º de setembro de 1971, passaram a ser reajustados pelos mesmos índices de reajustes aplicáveis aos benefícios de prestação continuada da Previdência Social.

Parágrafo único. Para os benefícios concedidos até 31 de agosto de 1971, com base nas leis revogadas a que se refere o caput, a partir de 16 de dezembro 1998, o pagamento mensal não poderá ser superior à remuneração do cargo de Ministro de Estado e, a contar de 31 de dezembro de 2003, à remuneração de Ministro do Supremo Tribunal Federal – STF.

...

Art. 646. Pelo entendimento exarado no Parecer nº 175/CONJUR-2003, de 2003, do Ministério da Defesa, ratificado pela Nota CJ/MPS nº 483, de 2007, os benefícios de ex-combatente podem ser acumulados com a pensão especial instituída pela Lei nº 8.059, de 1990.

Parágrafo único. As pensões especiais de ex-combatentes concedidas com base no art. 53 do ADCT e na Lei nº 8.059, de 1990, são acumuláveis com os benefícios previdenciários. (incluído pela Instrução Normativa PRES/INSS nº 141, de 6 de Dezembro de 2022)

CAPÍTULO 3

APOSENTADORIA OU PENSÃO EXCEPCIONAL DO ANISTIADO POLÍTICO, REPARAÇÃO PECUNIÁRIA E ANISTIADOS DAS LEIS 8.632/1993 E 11.282/2006

Originalmente, a aposentadoria e a pensão especial do anistiado político eram previstas no artigo 150, da Lei 8.213/91[1], em favor dos segurados da Previdência Social anistiados pela Lei 6.683/79, pela Emenda 26/85 ou pelo artigo 8º, do ADCT, da Constituição Federal de 1988.

Sucede que a Lei 10.559/2002 (fruto de várias Medidas Provisórias) revogou expressamente o artigo 150, da Lei 8.213/91,

---

1. Art. 150. Os segurados da Previdência Social, anistiados pela Lei nº 6.683, de 28 de agosto de 1979, ou pela Emenda Constitucional nº 26, de 27 de novembro de 1985, ou ainda pelo art. 8º do Ato das Disposições Constitucionais Transitórias da Constituição Federal terão direito à aposentadoria em regime excepcional, observado o disposto no Regulamento.
Parágrafo único. O segurado anistiado já aposentado por invalidez, por tempo de serviço ou por idade, bem como seus dependentes em gozo de pensão por morte, podem requerer a revisão do seu benefício para transformação em aposentadoria excepcional ou pensão por morte de anistiado, se mais vantajosa **(Revogado pela Lei nº 10.559, de 13.11.2002)**

alterando o regime jurídico previdenciário do anistiado político como um todo.

Nos termos da Lei 10.559/2022 (art. 2º), conforme portaria do Ministério da Justiça, são declarados **anistiados políticos** aqueles que, no período de 18 de setembro de 1946 até 5 de outubro de 1988, por motivação exclusivamente política, foram:

> I – atingidos por atos institucionais ou complementares, ou de exceção na plena abrangência do termo;
>
> II – punidos com transferência para localidade diversa daquela onde exerciam suas atividades profissionais, impondo-se mudanças de local de residência;
>
> III – punidos com perda de comissões já incorporadas ao contrato de trabalho ou inerentes às suas carreiras administrativas;
>
> IV – compelidos ao afastamento da atividade profissional remunerada, para acompanhar o cônjuge;
>
> V – impedidos de exercer, na vida civil, atividade profissional específica em decorrência das Portarias Reservadas do Ministério da Aeronáutica nº S-50-GM5, de 19 de junho de 1964, e nº S-285-GM5;
>
> VI – punidos, demitidos ou compelidos ao afastamento das atividades remuneradas que exerciam, bem como impedidos de exercer atividades profissionais em virtude de pressões ostensivas ou expedientes oficiais sigilosos, sendo trabalhadores do setor privado ou dirigentes e representantes sindicais, nos termos do § 2º do art. 8º do Ato das Disposições Constitucionais Transitórias;
>
> VII – punidos com fundamento em atos de exceção, institucionais ou complementares, ou sofreram punição disciplinar, sendo estudantes;
>
> VIII – abrangidos pelo Decreto Legislativo nº 18, de 15 de dezembro de 1961, e pelo Decreto-Lei nº 864, de 12 de setembro de 1969;

IX – demitidos, sendo servidores públicos civis e empregados em todos os níveis de governo ou em suas fundações públicas, empresas públicas ou empresas mistas ou sob controle estatal, exceto nos Comandos militares no que se refere ao disposto no § 5º do art. 8º do Ato das Disposições Constitucionais Transitórias;

X – punidos com a cassação da aposentadoria ou disponibilidade;

XI – desligados, licenciados, expulsos ou de qualquer forma compelidos ao afastamento de suas atividades remuneradas, ainda que com fundamento na legislação comum, ou decorrentes de expedientes oficiais sigilosos.

XII – punidos com a transferência para a reserva remunerada, reformados, ou, já na condição de inativos, com perda de proventos, por atos de exceção, institucionais ou complementares, na plena abrangência do termo;

XIII – compelidos a exercer gratuitamente mandato eletivo de vereador, por força de atos institucionais;

XIV – punidos com a cassação de seus mandatos eletivos nos Poderes Legislativo ou Executivo, em todos os níveis de governo;

XV – na condição de servidores públicos civis ou empregados em todos os níveis de governo ou de suas fundações, empresas públicas ou de economia mista ou sob controle estatal, punidos ou demitidos por interrupção de atividades profissionais, em decorrência de decisão de trabalhadores;

XVI – sendo servidores públicos, punidos com demissão ou afastamento, e que não requereram retorno ou reversão à atividade, no prazo que transcorreu de 28 de agosto de 1979 a 26 de dezembro do mesmo ano, ou tiveram seu pedido indeferido, arquivado ou não conhecido e tampouco foram considerados aposentados, transferidos para a reserva ou reformados;

XVII – impedidos de tomar posse ou de entrar em exercício de cargo público, nos Poderes Judiciário, Legislativo ou Executivo, em todos os níveis, tendo sido válido o concurso.

De efeito, passou a ser prevista a **reparação econômica mensal, permanente e continuada**, assegurada aos anistiados políticos que comprovarem vínculos com a atividade laboral, à **exceção dos que optarem por receber em prestação única**, igual ao da remuneração que o anistiado político receberia se na ativa estivesse, considerada a graduação a que teria direito.

Veja-se um ato concessor:

> *"Publicado em: 29/05/2023 | Edição: 101 | Seção: 1 | Página: 45*
>
> *Órgão: Ministério dos Direitos Humanos e da Cidadania/Gabinete do Ministro*
>
> *PORTARIA Nº 306, DE 25 DE MAIO DE 2023*
>
> *O MINISTRO DE ESTADO DOS DIREITOS HUMANOS E DA CIDADANIA, no uso de suas atribuições legais, com fulcro no artigo 8º do Ato das Disposições Constitucionais Transitórias da Constituição Federal de 1988, regulamentado pela Lei nº 10.559, de 13 de novembro de 2002, publicada no Diário Oficial da União de 14 de novembro de 2002, e considerando o resultado do parecer proferido na 1ª Sessão Plenária do Conselho da Comissão de Anistia, realizada no dia 30 de março de 2023, no Requerimento de Anistia nº 2010.01.67388, resolve:*
>
> *Dar provimento ao recurso interposto por JOSÉ PEDRO DA SILVA, inscrito no CPF sob o nº 611.260.398-53, para retificar a Portaria nº 2.327, do Ministro de Estado da Justiça, Substituto, de 29 de novembro de 2018, publicada no Diário Oficial da União de 30 de novembro de 2018, para **declará-lo anistiado político, conceder reparação econômica, de caráter indenizatório, em prestação mensal, permanente e***

> ***continuada, no valor de R$ 2.000,00 (dois mil reais), com efeitos financeiros retroativos de 16/06/2005 até a data do julgamento em 30/03/2023, perfazendo um total de R$ 462.433,33 (quatrocentos e sessenta e dois mil, quatrocentos e trinta e três reais e trinta e três centavos), e conceder contagem de tempo, para todos os efeitos, do período compreendido de 19/12/1978 a 05/10/1988, nos termos incs. I, II e III do art. 1º, da Lei nº 10.559, de 13 de novembro de 2002".***

O valor da prestação mensal, permanente e continuada, não será inferior ao do salário mínimo nem superior ao do teto estabelecido para o serviço público federal (subsídio dos Ministros do STF).

A **reparação econômica em prestação única** consistirá no pagamento de trinta salários mínimos por ano de punição e será devida aos anistiados políticos que não puderem comprovar vínculos com a atividade laboral.

No entanto, em nenhuma hipótese o valor da reparação econômica em prestação única será superior a R$ 100.000,00 (cem mil reais). Veja-se um ato concessor:

> *"PORTARIA Nº 464, DE 16 DE AGOSTO DE 2023*
>
> *O MINISTRO DE ESTADO DOS DIREITOS HUMANOS E DA CIDADANIA, no uso de suas atribuições legais, com fulcro no artigo 8º do Ato das Disposições Constitucionais Transitórias da Constituição Federal de 1988, regulamentado pela Lei nº 10.559, de 13 de novembro de 2002, publicada no Diário Oficial da União de 14 de novembro de 2002, e considerando o resultado do parecer proferido na 3ª Sessão Plenária do Conselho da Comissão de Anistia, realizada no dia 24 de maio de 2023, no Requerimento de Anistia nº 2005.01.49652, resolve:*
>
> ***Dar provimento parcial ao recurso interposto por JOÃO CARLOS CAMPOS WISNESKY, inscrito no CPF sob o nº***

> ***126.137.547-53, para declará-lo anistiado político, conceder reparação econômica, de caráter indenizatório, em prestação única, no valor de R$ 100.000,00 (cem mil reais), e conceder contagem de tempo, para todos os efeitos, do período compreendido de 1º/1/1971 a 19/3/1986, nos termos dos incisos I, II e III do art. 1º, c/c §2º do art. 4º da Lei nº 10.559, de 13 de novembro de 2002.***
>
> *SILVIO LUIZ DE ALMEIDA"*

Desta forma, seguem ativas as aposentadorias e pensões dos anistiados políticos, até a sua substituição pela reparação mensal: *Aposentadoria Excepcional de Anistiado, espécie 58.*

O exercício da autotutela para rever portaria que declarou a condição de anistiado político poderá ser efetivado a qualquer tempo, não estando sujeito à decadência quinquenal por ser violador de texto constitucional, conforme firmado pelo STF no julgamento do Tema 839 em Repercussão Geral:

> ***Tema 839 – a) Possibilidade de um ato administrativo, caso evidenciada a violação direta ao texto constitucional, ser anulado pela Administração Pública quando decorrido o prazo decadencial previsto na Lei nº 9.784/1999. b) Saber se portaria que disciplina tempo máximo de serviço de militar atende aos requisitos do art. 8º do ADCT.***
>
> Há Repercussão?
>
> ***Sim***
>
> ***Relator(a):***
>
> MIN. DIAS TOFFOLI
>
> ***Leading Case:***
>
> RE 817338

Descrição:

Recursos extraordinários em que se discute, à luz dos arts. 2º, 5º, II, XXXVI e LXIX, e 37, caput, da Constituição Federal e do art. 8º do Ato das Disposições Constitucionais Transitórias, a possibilidade de um ato administrativo, caso evidenciada a violação direta do texto constitucional, ser anulado pela Administração Pública quando decorrido o prazo decadencial previsto na Lei nº 9.784/1999. Discute-se, ainda, se uma portaria que disciplina tempo máximo de serviço de militar atende aos requisitos do art. 8º do ADCT.

Tese:

No exercício do seu poder de autotutela, poderá a Administração Pública rever os atos de concessão de anistia a cabos da Aeronáutica com fundamento na Portaria nº 1.104/1964, quando se comprovar a ausência de ato com motivação exclusivamente política, assegurando-se ao anistiado, em procedimento administrativo, o devido processo legal e a não devolução das verbas já recebidas.

As regras da aposentadoria excepcional do anistiado político constavam do Decreto 611/1992, que, apesar de formalmente revogado, segue ultra ativo, a saber:

A) Terão direito à aposentadoria em regime excepcional, na condição de anistiados, de conformidade com o art. 8º do Ato das Disposições Constitucionais Transitórias, os servidores públicos da Administração Direta e Indireta Federal, Estadual, Municipal ou do Distrito Federal, de fundação, empresa pública ou empresa mista sob o controle estatal, bem como os trabalhadores do setor privado e os ex-dirigentes e ex-representantes sindicais que, em virtude de motivação política, foram atingidos por atos de exceção, institucionais ou complementares, pelo Decreto Legislativo nº 18, de 15 de dezembro de 1961, pelo Decreto-Lei nº 864, de 12 de setembro de 1969, os que tenham sido punidos, demitidos ou compelidos ao afastamento de atividade abrangida pela

Previdência Social e os que foram impedidos de exercer atividades profissionais em virtude de pressões ostensivas ou expedientes oficiais sigilosos, no período de 18 de setembro de 1946 a 5 de outubro de 1988;

B) Os segurados de que trata esta seção terão garantidas as promoções, na inatividade, ao cargo, emprego ou posto a que teriam direito se estivessem em serviço ativo, obedecidos os prazos de permanência em atividade, respeitadas as características e peculiaridades das carreiras a que pertenciam;

C) A aposentadoria excepcional independe da implementação dos pressupostos da legislação da Previdência Social, tais como tempo de serviço mínimo e carência, e o seu valor não decorre de salário-de-benefício;

D) Considerar-se-á como tempo de serviço o de afastamento da atividade em decorrência de destituição do emprego por atos de exceção, institucionais ou complementares, ou por outros diplomas legais, até 5 de outubro de 1988;

E) O período de afastamento será computado para todos os efeitos, inclusive adicionais por tempo de serviço (anuênio, biênio, triênio, e qüinqüênio);

F) Se o segurado anistiado houver falecido sem estar aposentado, a pensão por morte será devida aos seus dependentes com base na aposentadoria excepcional a que ele teria direito;

G) A data do início da aposentadoria será fixada em 5 de outubro de 1988, não gerando efeito financeiro retroativo, respeitada a prescrição quinquenal;

H) O valor da aposentadoria excepcional terá por base o último salário percebido pelo segurado no emprego ocupado à época da destituição por ato de exceção, institucional ou complementar, atualizado até 5 de outubro de 1988, não estando subordinado ao limite máximo do RGPS;

I) A aposentadoria do anistiado tem valor integral aos 35 (trinta e cinco) anos de serviço, para o segurado do sexo masculino, e aos 30 (trinta) anos, para o segurado do sexo feminino.

J) Se o segurado anistiado exercia exclusivamente atividade compreendida entre aquelas que lhe dariam direito à aposentadoria especial ou à aposentadoria de legislação especial, poderá, nesta hipótese, o respectivo cálculo do valor mensal do benefício ter por base as condições de prazo de permanência em atividades ensejadoras de tais aposentadorias.

K) A pensão por morte do segurado anistiado falecido em gozo de aposentadoria excepcional terá o seu valor calculado com base nessa aposentadoria;

L) O segurado referido nesta seção, já aposentado pela Previdência Social, poderá requerer a revisão de seu benefício vantajosa, a contar de 5 de outubro de 1988.

M) A pensão por morte do segurado anistiado que tenha falecido sem estar em gozo de aposentadoria excepcional será revisada para que o cálculo do seu valor mensal tenha por base a remuneração a que ele teria direito se permanecesse em atividade, a contar de 5 de outubro de 1988, se o óbito tiver ocorrido antes dessa data, ou na data do óbito, se posterior.

N) A aposentadoria excepcional será reajustada sempre que ocorrer alteração para maior no salário que o segurado estaria recebendo se permanecesse em atividade, observados os percentuais de cálculo previstos para cada caso.

O) Quando inexistir empresa ou sindicato para informar os valores que deveriam ser pagos, os reajustamentos far-se-ão pelos mesmos índices e bases dos demais benefícios de prestação continuada da Previdência Social.

P) A pensão por morte de segurado anistiado será reajustada, observando-se a aposentadoria-base calculada;

> Q) Constituem encargos da União as despesas correspondentes ao pagamento da aposentadoria excepcional e da pensão por morte de segurado anistiado.

Se o anistiado político era, na data da punição, comprovadamente remunerado por mais de uma atividade laboral, não eventual, o valor da prestação mensal, permanente e continuada, será igual à soma das remunerações a que tinha direito, até o valor do subsídio dos Ministros do STF, obedecidas as regras constitucionais de não acumulação de cargos, funções, empregos ou proventos.

Na forma do artigo 19, da Lei 10.559/02, o pagamento de **aposentadoria ou pensão excepcional relativa aos já anistiados políticos**, que vem sendo efetuado pelo INSS e demais entidades públicas, bem como por empresas, mediante convênio com o referido instituto, **será mantido, sem solução de continuidade, até a sua substituição pelo regime de prestação mensal, permanente e continuada.**

Assim, a extinção da aposentadoria ou pensão especial é condicionada à implementação da prestação que veio substituí-la, correndo por conta do Tesouro Nacional, e não do Fundo do RGPS.

Veja-se, a respeito, o tema 394 em Repercussão Geral:

> ***Tema 394 – Pagamento imediato de reparação econômica a anistiados políticos.***
>
> Há Repercussão?
>
> ***Sim***
>
> ***Relator(a):***
>
> MIN. DIAS TOFFOLI
>
> ***Leading Case:***
>
> RE 553710

Descrição:

Recurso extraordinário em que se discute, à luz dos artigos 167, II, e 169, § 1º, I e II, da Constituição Federal, a possibilidade, ou não, de determinar-se pagamento imediato, em sede de mandado de segurança, de valores retroativos devidos a título de reparação econômica a anistiados políticos, assim declarados com base em portaria expedida pelo Ministro de Estado da Justiça.

Tese:

1) – Reconhecido o direito à anistia política, a falta de cumprimento de requisição ou determinação de providências por parte da União, por intermédio do órgão competente, no prazo previsto nos arts. 12, § 4º, e 18, caput e parágrafo único, da Lei nº 10.599/02, caracteriza ilegalidade e violação de direito líquido e certo; **2) – Havendo rubricas no orçamento destinadas ao pagamento das indenizações devidas aos anistiados políticos e não demonstrada a ausência de disponibilidade de caixa, a União há de promover o pagamento do valor ao anistiado no prazo de 60 dias; 3) – Na ausência ou na insuficiência de disponibilidade orçamentária no exercício em curso, cumpre à União promover sua previsão no projeto de lei orçamentária imediatamente seguinte.**

O pagamento foi regulado pela **Lei 11.354/2006**, que autorizou o Poder Executivo, por intermédio dos Ministérios da Defesa e do Planejamento, Orçamento e Gestão, a pagar, na forma e condições estabelecidas nesta Lei, aos que firmarem Termo de Adesão o valor correspondente aos efeitos retroativos da concessão de reparação econômica fixado em virtude da declaração da condição de anistiado político de que trata a Lei nº 10.559, de 13 de novembro de 2002 .

O **Termo de Adesão** a ser firmado pelo anistiado deverá conter expressa concordância com o valor, a forma e as condições de pagamento e, ainda, declaração de que:

> I – não está e não ingressará em juízo reclamando ou impugnando o valor a ele devido; ou
>
> II – se compromete a desistir da ação ou do recurso, no caso de estar em juízo reclamando ou impugnando o valor a ele devido.

Hipótese de anistiado falecido, o Termo de Adesão poderá ser firmado por seus dependentes, consoante o disposto no art. 13 da Lei nº 10.559, de 13 de novembro de 2002.

A União não cobrará honorários advocatícios do autor da ação que desistir do processo judicial para firmar o Termo de Adesão de que trata esta Lei.

O valor a ser pago é o correspondente aos efeitos retroativos da concessão de reparação econômica fixado na Portaria do Ministro de Estado da Justiça que declara a condição de anistiado político.

O pagamento far-se-á da seguinte forma:

> I – em até 60 (sessenta) dias contados da data da assinatura do Termo de Adesão:
>
> a) aos que recebem prestação mensal de até R$ 2.000,00 (dois mil reais), o valor integral; e
>
> b) aos que recebem prestação mensal superior a R$ 2.000,00 (dois mil reais), uma parcela equivalente a 5 (cinco) prestações mensais;
>
> II – a partir do mês de janeiro do ano seguinte ao da assinatura do Termo de Adesão:
>
> a) aos que recebem prestação mensal de até R$ 8.000,00 (oito mil reais), 48 (quarenta e oito) parcelas, mensais e sucessivas, no valor de R$ 4.000,00 (quatro mil reais); e
>
> b) aos que recebem prestação mensal superior a R$ 8.000,00 (oito mil reais), 48 (quarenta e oito) parcelas, mensais e sucessivas, no valor de 50% (cinqüenta por cento) da prestação mensal; e

> III – a partir do término do pagamento das parcelas estabelecidas nos incisos I, alínea b, e II do caput deste artigo:
>
> a) aos que recebem prestação mensal inferior a R$ 5.000,00 (cinco mil reais), parcelas mensais e sucessivas no valor de R$ 5.000,00 (cinco mil reais); e
>
> b) aos que recebem prestação mensal superior a R$ 5.000,00 (cinco mil reais), parcelas mensais e sucessivas no valor de 100% (cem por cento) da prestação mensal;

Serão quitados, até o mês de competência de fevereiro de cada ano, os saldos a pagar remanescentes em dezembro do ano anterior de até:

> I – R$ 50.000,00 (cinqüenta mil reais) durante os 5 (cinco) primeiros anos após a assinatura do Termo de Adesão, ressalvado o disposto na alínea a do inciso I do caput do art. 4º desta Lei;
>
> II – R$ 100.000,00 (cem mil reais) no sexto ano após a assinatura do Termo de Adesão;
>
> III – R$ 200.000,00 (duzentos mil reais) no sétimo e oitavo anos após a assinatura do Termo de Adesão; e
>
> IV – qualquer valor de saldo a pagar remanescente, no nono ano após a assinatura do Termo de Adesão.

O valor da prestação mensal é o recebido pelo anistiado a título de reparação econômica no mês de competência do pagamento da parcela, excluído o correspondente ao 13º (décimo-terceiro) salário, preservada, para os efeitos de forma e prazo de quitação do passivo, a remuneração definida na respectiva Portaria do Ministério da Justiça.

Excepcionalmente e observada a disponibilidade orçamentária, os Ministros de Estado da Defesa e do Planejamento, Orçamento e Gestão poderão autorizar a antecipação do pagamento de que trata esta Lei aos portadores de **doença grave** especificada na legislação e às pessoas idosas, assim definidos em lei, que tiverem firmado o Termo de Adesão. Os portadores de doença grave preferem às pessoas idosas, sendo que, dentre estes, têm preferência os de idade mais avançada.

Vindo a falecer o anistiado que tenha firmado o Termo de Adesão, as parcelas vincendas a ele devidas serão pagas a seus dependentes, nos termos do art. 13 da Lei nº 10.559, de 13 de novembro de 2002.

De acordo com o artigo 1º, III, da Lei de Anistia (Lei 10.559/2002), o Regime do Anistiado Político compreende o direito à contagem, para todos os efeitos, do tempo em que o anistiado político esteve compelido ao afastamento de suas atividades profissionais, em virtude de punição ou de fundada ameaça de punição, por motivo exclusivamente político, vedada a exigência de recolhimento de quaisquer contribuições previdenciárias.

Entendo que os direitos são cumulativos, conforme expressamente previsto no artigo 1º, II e III, da Lei de Anistia (Lei 10.559/2002):

> ***"Art. 1º O Regime do Anistiado Político compreende os seguintes direitos:***
>
> *I – declaração da condição de anistiado político;*
>
> ***II – reparação econômica, de caráter indenizatório, em prestação única ou em prestação mensal, permanente e continuada, asseguradas a readmissão ou a promoção na inatividade, nas condições estabelecidas no caput e nos §§ 1º e 5º do art. 8º do Ato das Disposições Constitucionais Transitórias;***
>
> ***III – contagem, para todos os efeitos, do tempo em que o anistiado político esteve compelido ao afastamento de suas atividades profissionais, em virtude de punição ou de fundada ameaça de punição, por motivo***

> ***exclusivamente político, vedada a exigência de recolhimento de quaisquer contribuições previdenciárias;***
>
> *IV – conclusão do curso, em escola pública, ou, na falta, com prioridade para bolsa de estudo, a partir do período letivo interrompido, para o punido na condição de estudante, em escola pública, ou registro do respectivo diploma para os que concluíram curso em instituições de ensino no exterior, mesmo que este não tenha correspondente no Brasil, exigindo-se para isso o diploma ou certificado de conclusão do curso em instituição de reconhecido prestígio internacional; e*
>
> *V – reintegração dos servidores públicos civis e dos empregados públicos punidos, por interrupção de atividade profissional em decorrência de decisão dos trabalhadores, por adesão à greve em serviço público e em atividades essenciais de interesse da segurança nacional por motivo político.*
>
> *Parágrafo único. Aqueles que foram afastados em processos administrativos, instalados com base na legislação de exceção, sem direito ao contraditório e à própria defesa, e impedidos de conhecer os motivos e fundamentos da decisão, serão reintegrados em seus cargos".*

A meu ver, o artigo 16 da Lei de Anistia (Lei 10.559/2002) somente irá incidir na situação de direitos previstos em outras normas com mesmo fundamento, o que não ocorre nesta situação em que a própria Lei de Anistia os prevê de modo cumulativo:

> *"Art. 16.* ***Os direitos expressos nesta Lei não excluem os conferidos por outras normas legais ou constitucionais****, vedada a acumulação de quaisquer pagamentos ou benefícios ou indenização com o mesmo fundamento, facultando-se a opção mais favorável".*

Esse também é o sentir da Consultoria Jurídica Ministerial, conforme passagem do DESPACHO Nº 77/2022/COREG/CGLEN/SRGPS/SPREV-MTP:

"5. Em resposta, a Procuradoria-Geral da Fazenda Nacional (PGFN), do Ministério da Economia, encaminhou o ***Parecer SEI nº 19444/2021/ME*** *(SEI nº 26245039), de 12 de abril de 2022, com os devidos esclarecimentos solicitados, assim concluindo: 21. Ante o exposto, em resposta objetiva ao pedido de esclarecimento, registra-se que:* ***21.1. Embora haja menção à aposentadoria por tempo de contribuição constante do item 52 do Parecer SEI nº 16543/2021/ ME, esclarecemos que o tempo de afastamento do anistiado político de que trata o inciso III do art. 1º da Lei n.º 10.559, de 2002, deve ser computado para todos os fins previdenciários, alcançando desta forma as demais modalidades de aposentadoria; 21.2. Os itens 52, 55, 56, 78 e 82 do Parecer SEI nº 16543/2021/ME, não afastam, mas devem ser lidos de acordo com o disposto no Parecer/MPS/CJ nº 001, de 2007, no sentido de que é possível a cumulação da reparação econômica prevista no inciso III do art. 1º da Lei nº 10.559, de 2002 com a contagem do tempo de afastamento, haja vista que se originam de fundamento diverso.*** *21.3. A opção pela manutenção da percepção do benefício excepcional, previsto no art. 150, da Lei nº 8.213, de 24 de julho de 1994 e autorizada pelo art. art. 19 da Lei nº 10.559, de 2002, é inacumulável com a reparação econômica prevista na Lei nº 10.559, de 2002. 6. Por conseguinte, a Consultoria Jurídica junto ao Ministério do Trabalho e Previdência expediu a* ***NOTA nº 00168/2022/CONJUR-MTP/CGU/ AGU*** *(SEI nº 26244949), de 6 de julho de 2022, atestando: Ante o exposto, conforme já esclarecido pelo Parecer SEI Nº 19444/2021/ME, ratifica-se que:* ***a) o tempo de afastamento do anistiado político de que trata o inciso III do art. 1º da Lei n.º 10.559, de 2002, deve ser computado para todos os fins previdenciários, alcançando desta forma as demais modalidades de aposentadoria;*** *e b) os itens 52, 55, 56, 78 e 82 do Parecer SEI nº 16543/2021/ME, não afastam, mas devem ser lidos de acordo com o disposto no Parecer/MPS/CJ nº 001, de 2007, no sentido de que é*

> *possível a cumulação da reparação econômica prevista no inciso III do art. 1º da Lei nº 10.559, de 2002 com a contagem do tempo de afastamento, haja vista que se originam de fundamento diverso".*

Veja-se, ainda, a diferente natureza jurídica, pois a reparação pecuniária em comento possui natureza de indenização, não se confundindo com o tempo de serviço previdenciário garantido ao anistiado.

Registre-se que a vedação existente é outra, pois a aposentadoria excepcional do anistiado político é que não poderá ser acumulada com outra aposentadoria do RGPS.

Veja-se, nesse sentido, o STJ:

> PROCESSO
>
> EDcl no AgInt no REsp 1666426 / SP
>
> EMBARGOS DE DECLARAÇÃO NO AGRAVO INTERNO NO RECURSO ESPECIAL
>
> 2017/0082961-7
>
> RELATOR
>
> Ministro MANOEL ERHARDT (DESEMBARGADOR CONVOCADO DO TRF5) (8410)
>
> ÓRGÃO JULGADOR
>
> T1 – PRIMEIRA TURMA
>
> DATA DO JULGAMENTO
>
> 09/08/2021
>
> DATA DA PUBLICAÇÃO/FONTE
>
> DJe 16/08/2021
>
> EMENTA
>
> PROCESSUAL CIVIL. EMBARGOS DE DECLARAÇÃO NO AGRAVO INTERNO NO RECURSO ESPECIAL. APOSENTADORIA

EXCEPCIONAL DE ANISTIADO. CUMULAÇÃO COM OUTRO BENEFÍCIO DE APOSENTADORIA. MESMO FATO GERADOR. IMPOSSIBILIDADE. ACÓRDÃO EM HARMONIA COM O ENTENDIMENTO DO STJ. OMISSÃO. INEXISTÊNCIA. EMBARGOS DE DECLARAÇÃO PARTICULAR REJEITADOS.

1. A parte embargante alega a ocorrência de omissão no acórdão, sob o fundamento de que os benefícios têm fatos geradores distintos, sendo a aposentadoria excepcional de anistiado político de natureza jurídica indenizatória e a aposentadoria previdenciária de natureza retributiva.

2. O inconformismo da parte embargante não se amolda aos contornos da via dos embargos de declaração, porquanto o acórdão ora combatido não padece de vícios de omissão, contradição, obscuridade ou erro material, não se prestando o manejo de tal recurso para o fim de rediscutir os aspectos jurídicos anteriormente debatidos.

3. Esta Corte Superior possui a orientação de que não é possível a cumulação da aposentadoria excepcional de anistiado com outros benefícios previdenciários que possuam o mesmo fato gerador, bem como de que a Lei 10.559/2002 proíbe a acumulação de pagamentos, benefícios ou indenizações com o mesmo fundamento, facultando-se ao anistiado político, nesta hipótese, a escolha da opção mais favorável (art. 16).

4. Constata-se, portanto, que a parte embargante pretende renovar a discussão acerca de questão que já foi decidida e fundamentada, o que não é possível por meio dos embargos de declaração.

5. Rever as matérias aqui alegadas acarretaria rediscutir entendimento já manifestado e devidamente embasado. Os embargos declaratórios não se prestam à inovação, à rediscussão da matéria tratada nos autos ou à correção de eventual error in judicando.

6. Embargos de declaração do particular rejeitados.

Isto posto, entendo que os direitos consignados no artigo 1º, II e III, da Lei de Anistia (Lei 10.559/2002), são acumulativos, sendo esta também, no meu sentir, a atual interpretação da Consultoria Jurídica do MPS.

Daí ser vantajoso substituir a aposentadoria excepcional do anistiado político pela reparação mensal, pois esta poderá ser acumulada como aposentadoria do RGPS, ao passo que aquela não poderá.

O STJ admite a acumulação da reparação em comento com indenização por danos morais:

> **PROCESSO**
>
> AgInt no REsp 1663334 / RJ
>
> AGRAVO INTERNO NO RECURSO ESPECIAL 2017/0071647-8
>
> **RELATOR**
>
> Ministro PAULO SÉRGIO DOMINGUES (1185)
>
> **ÓRGÃO JULGADOR**
>
> T1 – PRIMEIRA TURMA
>
> **DATA DO JULGAMENTO**
>
> 04/12/2023
>
> **DATA DA PUBLICAÇÃO/FONTE**
>
> DJe 07/12/2023
>
> **EMENTA**
>
> ADMINISTRATIVO. AGRAVO INTERNO NO RECURSO ESPECIAL. RESPONSABILIDADE CIVIL. **ANISTIADO POLÍTICO. ACUMULAÇÃO** DA **REPARAÇÃO** ECONÔMICA COM PERDAS E DANOS. POSSIBILIDADE. RESTRIÇÃO TEMPORAL DO ART. 8º, § 1º, DO ADCT QUE NÃO SE APLICA À PRETENSÃO INDENIZATÓRIA TRATADA NO RECURSO ESPECIAL. PROVIMENTO NEGADO.

1. O Superior Tribunal de Justiça, com esteio na Súmula 37/STJ, compreende que "inexiste vedação para a **acumulação** da **reparação** econômica com indenização por danos morais, porquanto se trata de verbas indenizatórias com fundamentos e finalidades diversas: aquela visa à recomposição patrimonial (danos emergentes e lucros cessantes), ao passo que esta tem por escopo a tutela da integridade moral, expressão dos direitos da personalidade" (REsp 1.664.760/RS, relator Ministro Herman Benjamin, Segunda Turma, DJe de 30/6/2017).

2. O art. 8º, § 1º, do Ato das Disposições Constitucionais Transitórias (ADCT) estabelece restrição temporal aos efeitos financeiros relativos à remuneração. Na espécie, o recurso especial debate pretensão indenizatória por perdas e danos. Eventual definição de indenização dessa natureza não terá o caráter remuneratório a que alude o dispositivo invocado, razão pela qual não é ele suficiente para afastar o entendimento exarado na decisão singular.

3. Agravo interno a que se nega provimento.

O reajustamento do valor da prestação mensal, permanente e continuada, será feito quando ocorrer alteração na remuneração que o anistiado político estaria recebendo se estivesse em serviço ativo. Os valores pagos por anistia são isentos de contribuição previdenciária e de Imposto de Renda.

Por conexão, registre-se que aos dirigentes ou representantes sindicais anistiados pela Lei nº 8.632, de 1993, que no período compreendido entre 5 de outubro de 1988 e 5 de março de 1993, data de publicação da referida Lei, sofreram punições em virtude de motivação política, de participação em movimento reivindicatório ou outra modalidade de exercício do mandato ou representação sindical, é assegurada a contagem do tempo de contribuição referente ao período em que estiveram afastados por suspensão disciplinar ou demissão, a teor do artigo 163 da Instrução Normativa INSS 128/2022.

Outrossim, aos trabalhadores da Empresa Brasileira de Correios e Telégrafos – ECT anistiados pela Lei nº 11.282, de 2006, que no período compreendido entre 4 de março de 1997 e 23 de março de 1998, sofreram punições, dispensas e alterações unilaterais contratuais em razão da participação em movimento reivindicatório, é assegurada a contagem do tempo de contribuição referente ao período em que estiveram afastados por dispensas ou suspensões contratuais.

Em ambos os casos, a comprovação da anistia e das remunerações do período anistiado far-se-á por:

> I – declaração da empresa a qual se vincula o anistiado informando os dados de identificação do trabalhador, as datas de início, de demissão/suspensão e de reintegração no vínculo e a lei a que se refere a reintegração;
>
> II – relação das remunerações do período de afastamento, autenticada pela empresa; e
>
> III – cópia da portaria de anistia publicada no Diário Oficial da União, emitida pelo Ministério competente.

NORMATIZAÇÃO DO INSS – INSTRUÇÃO NORMATIVA 128/2022:

Subseção VIII
Do anistiado – art. 8º do Ato das Disposições Constitucionais Transitórias – ADCT

Art. 162. A partir de 1º de junho de 2001, o segurado anistiado pelo art. 8º do Ato das Disposições Constitucionais Transitórias, regulamentada pela Lei nº 10.559, de 13 de novembro de 2002, terá direito à contagem de tempo do período de anistia, reconhecido pela Comissão de Anistia do Ministério da Justiça, no âmbito do RGPS, vedada a adoção de requisitos diferenciados para a concessão de benefícios.

§ 1º A comprovação da condição de anistiado e do período de anistia, em que esteve compelido ao afastamento de suas atividades profissionais, em virtude de punição ou de fundada ameaça de punição, por razões exclusivamente políticas, será por meio da apresentação da portaria do Ministério da Justiça e Segurança Pública, publicada no Diário Oficial da União.

§ 2º O período de anistia, comprovado na forma do § 1º, poderá ser utilizado para fins de contagem recíproca, desde que devidamente indenizado pelo trabalhador anistiado político, na forma do art. 100 e do inciso II do art. 101, conforme disposto nos §§13 e 14 do art. 216 do RPS.

Subseção IX

Do anistiado – Lei nº 8.632, de 4 de março de 1993 e Lei nº 11.282, de 23 de fevereiro de 2006

Art. 163. Aos dirigentes ou representantes sindicais anistiados pela Lei nº 8.632, de 1993, que no período compreendido entre 5 de outubro de 1988 e 5 de março de 1993, data de publicação da referida Lei, sofreram punições em virtude de motivação política, de participação em movimento reivindicatório ou outra modalidade de exercício do mandato ou representação sindical, é assegurada a contagem do tempo de contribuição referente ao período em que estiveram afastados por suspensão disciplinar ou demissão.

Art. 164. Aos trabalhadores da Empresa Brasileira de Correios e Telégrafos (ECT) anistiados pela Lei nº 11.282, de 2006, que no período compreendido entre 4 de março de 1997 e 23 de março de 1998, sofreram punições, dispensas e alterações unilaterais contratuais em razão da participação em movimento reivindicatório, é assegurada a contagem do tempo de contribuição referente ao período em que estiveram afastados por dispensas ou suspensões contratuais.

Art. 165. Observado o disposto nas Seções IV e X deste Capítulo, a comprovação da anistia e das remunerações do período anistiado a que se referem os arts. 163 e 164 far-se-á por:

I – declaração da empresa a qual se vincula o anistiado informando os dados de identificação do trabalhador, as datas de início, de demissão/suspensão e de reintegração no vínculo e a lei a que se refere a reintegração;

II – relação das remunerações do período de afastamento, autenticada pela empresa; e

III – cópia da portaria de anistia publicada no Diário Oficial da União, emitida pelo Ministério competente.

CAPÍTULO 4

PENSÃO ESPECIAL VITALÍCIA PARA AS VÍTIMAS DA TALIDOMIDA: LEI 7.070/1982

A Lei 7.070/82 instituiu este benefício especial a ser pago pelo INSS aos portadores da deficiência física conhecida como "Síndrome da Talidomida", valendo ressaltar que a substância Talidomida passou a ser comercializada no Brasil a partir de 1º de janeiro de 1957.

Sucede que há hipóteses de deficiência física que pode ter sido causada, ou não, pela ingestão dessa substância, o que acaba gerando fortes dúvidas sobre a existência do direito à pensão em determinados casos concretos.

Conforme bem afirmado pelo Tribunal Regional Federal da 2ª Região, "a Associação Brasileira dos Portadores da Síndrome da Talidomida informou que não existe qualquer exame laboratorial que possa definitivamente confirmar que a má formação seja devida à talidomida, sendo o quadro clínico observado a partir da própria deficiência, idade, declaração de mãe, associado a exames genéticos para que se descartem outras possíveis vítimas. As dificuldades inerentes à comprovação do uso da talidomida justificam que em caso de dúvida se beneficie a vítima, tendo em vista que a invalidez é incontroversa e a legislação previdenciária deve ser interpretada em favor do segurado"[1].

Será devida a pensão desde o requerimento administrativo, com renda mensal calculada mediante a multiplicação do número total de pontos indicadores da natureza e do grau de dependência resultante da deformidade física, constante do processo de concessão.

Originalmente, cada ponto correspondia a ½ salário mínimo, sendo indicadores da natureza e do grau da dependência resultante da deformidade física, atribuindo-se a cada, um ou dois pontos, respectivamente, conforme seja o seu grau parcial ou total.

A pontuação dependerá da **incapacidade para o trabalho**, para a **ambulação**, para a **higiene pessoal** e para a **própria alimentação**, podendo chegar ao **total de 08 pontos**, no valor equivalente a quatro salários mínimos no passado.

Contudo, com o advento da Lei 8.686/1993, cada ponto foi fixado em Cr$ 13.320.000,00, correspondente a R$ 435,35, a partir de 01.01.2018, por força da atualização anual perpetrada pela Portaria Conjunta dos extintos Ministério da Fazenda com o Ministério da Previdência Social.

De acordo com a Lei 10.877/04, poderá haver um **acréscimo de 35%** no valor do benefício, desde que se realize:

> I – 25 anos, se homem, e 20, se mulher, de contribuição para a Previdência Social, independente do regime;
>
> II – 55 anos de idade, se homem ou 50 anos de idade, se mulher, e contar pelo menos 15 anos de contribuição para a Previdência, independente do regime.

Outrossim, o benefício ainda poderá **acrescer em 25%**, desde que o beneficiário seja maior de 35 anos de idade, se necessitar

1. REO 352434, de 28.06.2006.

de assistência permanente de outra pessoa e tenha recebido pontuação superior ou igual a seis.

Com o advento da Lei **13.638/2018**, a partir de 1º de janeiro de 2016, o valor da pensão especial instituída pela Lei nº 7.070, de 20 de dezembro de 1982, será revisto, mediante a multiplicação do número total de **pontos indicadores** da natureza e do grau de dependência resultante da deformidade física, constante do processo de concessão, pelo valor de **R$ 1.000,00 (um mil reais)**.

Para o exercício de **2025**, o valor a ser multiplicado pelo número total de pontos indicadores da natureza do grau de dependência resultante da deformidade física, para fins de definição da renda mensal inicial da pensão especial devida às vítimas da síndrome de talidomida, é de **R$ 1.571,80.**

Após o pagamento efetuado pelo INSS, a União transferirá cotas trimestrais ao Fundo do RGPS para ressarcimento, haja vista este benefício não ser tecnicamente previdenciário com o advento do atual ordenamento constitucional, à luz do Princípio da Contributividade.

O benefício não gera pensão nem pode ser acumulado com indenização paga pela União nem com o amparo assistencial ao idoso ou deficiente, **mas poderá ser acumulado com qualquer benefício do RGPS ou RPPS**, pois tem natureza indenizatória, tanto que não incide o imposto de renda[2].

A partir de 7 de julho de 2011, data de publicação da Lei nº 12.435, foi permitida a acumulação de Pensão Especial para Vítimas da Síndrome de Talidomida com Benefício Assistencial ao Portador de Deficiência ou Benefício Assistencial ao Idoso.

2. TRF 1ª Região, AC 2007.34.00.016021-7, de 25.08.2009.

O benefício é vitalício e intransferível, não gerando pensão a qualquer eventual dependente ou resíduo de pagamento a seus familiares, nos termos do artigo 484 da Instrução Normativa INSS 128/2022, não havendo previsão de pagamento de gratificação de natal.

Frise-se que na decisão proferida nos autos da Ação Civil Pública n° 97.0060590-6, da lavra da 7ª Vara Federal de São Paulo/SP, a União, por meio do Ministério da Saúde, foi condenada ao pagamento mensal de valor igual ao do que trata a Lei n° 7.070, de 1982, a título de indenização, aos já beneficiados pela pensão especial, nascidos entre 1º de janeiro de 1966 à 31 de dezembro de 1998, considerados de segunda geração de vítimas da droga.

Vale ressaltar que a Lei 12.190/2010 concedeu indenização por dano moral às pessoas com deficiência física decorrente do uso da talidomida, consistente no pagamento de valor único igual a R$ 50.000,00, multiplicado pelo número dos pontos indicadores da natureza e do grau da dependência resultante da deformidade física, que poderá ser cumulada com o pagamento da pensão especial.

Assim, a opção pelo pagamento da indenização de que trata a Lei nº 12.190, de 13 de janeiro de 2010, importa em renúncia e extinção do benefício conseguido judicialmente em decorrência da Ação Civil Pública n° 97.0060590-6, na forma do artigo 7º, do Decreto nº 7.235, de 19 de julho de 2010.

É vedada a acumulação da Pensão Especial da Talidomida com qualquer rendimento ou indenização por danos físicos, inclusive a Renda Mensal Vitalícia que, a qualquer título, venha a ser pago pela União, ressalvado o direito de opção.

A Pensão Especial da Talidomida é acumulável com qualquer benefício do RGPS ou ao qual, no futuro, a pessoa com Síndrome possa vir a filiar-se, ainda que a pontuação referente ao quesito trabalho seja igual a dois pontos totais.

O benefício de que trata esta Seção é de natureza indenizatória, não prejudicando eventuais benefícios de natureza previdenciária, e não podendo ser reduzido em razão de eventual aquisição de capacidade laborativa ou de redução de incapacidade para o trabalho, ocorridas após a sua concessão.

A partir de 7 de julho de 2011, data de publicação da Lei nº 12.435, foi **permitida a acumulação** de Pensão Especial para Vítimas da Síndrome de Talidomida com **Benefício Assistencial ao Portador de Deficiência ou Benefício Assistencial ao Idoso.**

Nos termos do artigo 486 da Instrução Normativa INSS 128/2022, para a formalização do processo, deverão ser apresentados pelo pleiteante, no ato do requerimento, os seguintes documentos:

> I – fotografias, preferencialmente em fundo escuro, tamanho 12x9 cm, em traje de banho, com os braços separados e afastados do corpo, sendo uma de frente, uma de costas e outra (s) detalhando o (s) membro (s) afetado (s);
>
> II – certidão de nascimento ou casamento;
>
> III – prova de identidade do pleiteante ou de seu representante legal; e
>
> IV – quando possível, eventuais outros subsídios que comprovem o uso da Talidomida pela mãe do pleiteante, tais como:
>
> a) receituários relacionados com o medicamento;
>
> b) relatório médico; e
>
> c) atestado médico de entidades relacionadas à doença.

NORMATIZAÇÃO DO INSS – INSTRUÇÃO NORMATIVA 128/2022:

CAPÍTULO III

DAS PENSÕES ESPECIAIS DEVIDAS PELA UNIÃO

Seção I

Da Pensão Especial devida às Pessoas com Deficiência Portadoras da Síndrome da Talidomida – Lei nº 7.070, de 20 de dezembro de 1982

Art. 482. É garantido o direito à Pensão Especial (Espécie 56) a pessoa com Síndrome da Talidomida nascidos a partir de 1º de março de 1958, data do início da comercialização da droga no Brasil, denominada "Talidomida" (Amida Nftálica do Ácido Glutâmico), inicialmente comercializada com os nomes comerciais de Sedin, Sedalis e Slip, de acordo com a Lei nº 7.070, de 1982.

§ 1º O benefício será devido sempre que ficar constatado que a deformidade física for consequência do uso da Talidomida, independentemente da época de sua utilização.

§ 2º A data do início da pensão especial será fixada na data da entrada do requerimento.

Art. 483. A RMI será calculada mediante a multiplicação do número total de pontos indicadores da natureza e do grau de dependência resultante da deformidade física, constante do processo de concessão, pelo valor fixado em Portaria Ministerial que trata dos reajustamentos dos benefícios pagos pela Previdência Social.

§ 1º O reajustamento do benefício ocorrerá com a multiplicação do valor constante em Portaria Ministerial, pelo número total de pontos de cada benefício, obtendo-se a Renda Mensal Atual – RMA.

§ 2º O beneficiário da Pensão Especial Vitalícia da Síndrome da Talidomida, maior de 35 (trinta e cinco anos), que necessite de assistência permanente de outra pessoa e que tenha recebido a pontuação superior ou igual a seis pontos, fará jus a um adicional de 25% (vinte e cinco por cento) sobre o valor desse benefício, conforme disposto no art. 13 da Medida Provisória nº 2.129-10, de 22 de junho de 2001.

§ 3º O beneficiário da Pensão Especial Vitalícia da Síndrome da Talidomida terá direito a mais um adicional de 35% (trinta e cinco por cento) sobre o valor do benefício, desde que, alternativamente, comprove:

I – vinte e cinco anos, se homem, e vinte anos, se mulher, de contribuição para qualquer regime de previdência; ou

II – cinquenta e cinco anos de idade, se homem, ou cinquenta anos de idade, se mulher, e contar com pelo menos quinze anos de contribuição para qualquer regime de previdência.

§ 4º Na decisão proferida nos autos da ACP nº 97.0060590-6 da 7ª Vara Federal de São Paulo/SP, a União, por meio do Ministério da Saúde, foi condenada ao pagamento mensal de valor igual ao do que trata a Lei nº 7.070, de 1982, a título de indenização, aos já beneficiados pela pensão especial, nascidos entre 1º de janeiro de 1966 a 31 de dezembro de 1998, considerados de segunda geração de vítimas da droga.

§ 5º A partir de março de 2005, o INSS acolheu recomendação do Ministério Público Federal, e assumiu o pagamento da indenização devida aos beneficiários deste Instituto, que anteriormente era efetuado pelo Ministério da Saúde.

§ 6º Nas novas concessões, os beneficiários com direito ao pagamento da indenização a que se refere o § 4º serão processadas de forma automática.

§ 7º A opção pelo pagamento da indenização de que trata a Lei nº 12.190, de 13 de janeiro de 2010, importa em renúncia e extinção da indenização de que trata o § 4º, na forma do art. 7º do Decreto nº 7.235, de 19 de julho de 2010.

Art. 484. O benefício é vitalício e intransferível, não gerando pensão a qualquer eventual dependente ou resíduo de pagamento a seus familiares.

Art. 485. É vedada a acumulação da Pensão Especial da Talidomida com qualquer rendimento ou indenização por danos físicos, inclusive a Renda Mensal Vitalícia que, a qualquer título, venha a ser pago pela União, ressalvado o direito de opção.

§ 1º A Pensão Especial da Talidomida é acumulável com qualquer benefício do RGPS ou ao qual, no futuro, a pessoa com Síndrome possa vir a filiar-se, ainda que a pontuação referente ao quesito trabalho seja igual a dois pontos totais.

§ 2º O benefício de que trata esta Seção é de natureza indenizatória, não prejudicando eventuais benefícios de natureza previdenciária, e não podendo ser reduzido em razão de eventual aquisição de capacidade laborativa ou de redução de incapacidade para o trabalho, ocorridas após a sua concessão.

§ 3º A partir de 7 de julho de 2011, data de publicação da Lei nº 12.435, foi permitida a acumulação de Pensão Especial para Vítimas da Síndrome de Talidomida com Benefício Assistencial ao Portador de Deficiência ou Benefício Assistencial ao Idoso.

Art. 486. Para a formalização do processo, deverão ser apresentados pelo pleiteante, no ato do requerimento, os seguintes documentos:

I – fotografias, preferencialmente em fundo escuro, tamanho 12x9 cm, em traje de banho, com os braços separados e afastados do corpo, sendo uma de frente, uma de costas e outra(s) detalhando o(s) membro(s) afetado(s);

II – certidão de nascimento ou casamento;

III – prova de identidade do pleiteante ou de seu representante legal; e

IV – quando possível, eventuais outros subsídios que comprovem o uso da Talidomida pela mãe do pleiteante, tais como:

a) receituários relacionados com o medicamento;

b) relatório médico; e

c) atestado médico de entidades relacionadas à doença.

Parágrafo único. O processo original, com todas as peças, após a formalização, será encaminhado para realização do exame pericial, na forma definida pela SPMF.

CAPÍTULO 5

PENSÃO MENSAL VITALÍCIA DOS SERINGUEIROS: ART. 54 DO ADCT E LEI 7.986/1989

Instituída pelo artigo 54, do ADCT, da Constituição de 1988 e regulamentada pela Lei 7.986/89, será paga no valor de **dois salários mínimos** desde a entrada do requerimento administrativo no INSS.

Será devida aos **seringueiros recrutados** nos termos do Decreto-lei 5.813/64 e que tenham trabalhado durante a Segunda Guerra Mundial nos seringais da Região Amazônica, amparados pelo Decreto-Lei 9.882/46, **e que não possuam meios para a sua subsistência e da sua família.**

Por extensão, a pensão especial também será devida aos seringueiros que, atendendo ao chamamento do governo brasileiro, trabalharam na produção de borracha, na Região Amazônica, contribuindo para o esforço de guerra.

Apesar de ser pago pelo INSS com recursos do fundo previdenciário, de fato se trata de um benefício assistencialista, pois inexistem contribuições prévias para o seu custeio.

Inexiste idade mínima para a sua percepção, sendo transferível aos dependentes dos "soldados da borracha" que comprovem o estado de carência.

A comprovação de beneficiário demandará início de prova material, não se admitindo prova exclusivamente testemunhal[1]. Ademais, por falta de previsão legal, não gera o pagamento do abono anual (gratificação natalina)[2].

Na esfera administrativa, o INSS vem condicionando o deferimento da pensão especial a não percepção, pelo segurado, de outro benefício da Previdência Social ou qualquer rendimento igual ou superior a dois salários mínimos.

Veja-se o artigo 487 da Instrução Normativa INSS 128/2022:

> "Art. 487. P ara fazer jus à pensão mensal vitalícia, o requerente deverá comprovar que:
>
> I – não aufere rendimento, sob qualquer forma, igual ou superior a 2 (dois) salários mínimos;
>
> **II – não recebe qualquer espécie de benefício pago pelo RGPS ou RPPS; e**
>
> III – encontra-se em uma das seguintes situações:
>
> a) trabalhou como seringueiro recrutado nos termos do Decreto-Lei nº 5.813, de 14 de setembro de 1943, durante a Segunda Guerra Mundial, nos seringais da região amazônica, e foi amparado pelo Decreto-Lei nº 9.882, de 1946; ou
>
> b) trabalhou como seringueiro na região amazônica atendendo ao apelo do governo brasileiro, contribuindo para o esforço de guerra na produção da borracha, durante a Segunda Guerra Mundial".

Todavia, algumas decisões dos Tribunais Regionais Federais vêm reputando ilegal essa exigência, pois, supostamente, "não havendo óbice legal, é possível a cumulação do recebimento de aposentadoria com renda mensal vitalícia a que se refere o art. 54,

1. STJ, REsp 846.856, de 27.03.2008.
2. TRF da 1ª Região, de 11.02.2009.

ADCT e o art. 1º da Lei nº 7.986/89, não sendo possível a vedação de tal cumulação por norma infralegal, em respeito ao princípio da legalidade"[3].

No mesmo sentido a TNU:

Informativo 14/2047

Processo n. 0000449-57.2013.4.01.3000

O benefício de pensão especial vitalícia de seringueiro "soldados da borracha" de que trata o art. 54 do ADCT, pode ser cumulado com outro benefício no âmbito do RGPS, como a aposentadoria por idade rural, ante a inexistência de vedação legal.

Este não é o melhor posicionamento. É que só terão direito à pensão os seringueiros que não possuam meios para a sua subsistência e da sua família, na forma do artigo 1º, da Lei 7.986/89.

Nesse sentido, já se pronunciou o TRF da 1ª Região que "é devida a compensação dos valores percebidos a título de aposentadoria por idade, uma vez que a Lei 7.986/89, que disciplina a concessão do benefício de pensão vitalícia aos seringueiros da borracha, veda a concessão do benefício a quem possua meio de subsistência"[4].

Nesse sentido, a correta posição do STJ:

SEGUNDA TURMA	
PROCESSO	REsp 1.755.140-AM, Rel. Min. Herman Benjamin, Segunda Turma, por unanimidade, julgado em 07/02/2019, DJe 30/05/2019
RAMO DO DIREITO	DIREITO PREVIDENCIÁRIO

3. TRF da 5ª Região, AC 324.452, de 11.12.2003.

4. AC 2005.41.00.004347-0, de 14.08.2006.

SEGUNDA TURMA	
TEMA	Pensão vitalícia. Seringueiros (soldados da borracha). Lei n. 7.986/1989. Natureza assistencial. Cumulação. Benefício previdenciário. Impossibilidade.
DESTAQUE	
Não é cabível a percepção simultânea de benefício previdenciário e da pensão vitalícia dos seringueiros (soldados da borracha).	
INFORMAÇÕES DO INTEIRO TEOR	
O constituinte de 1988, reconhecendo a necessidade de amparar os seringueiros que atenderam ao apelo do governo brasileiro para o esforço de guerra, trabalhando na produção da borracha na região amazônica durante a Segunda Guerra Mundial, previu a concessão de um benefício de natureza assistencial conhecido como "pensão vitalícia aos Soldados da Borracha" quando comprovada a situação de carência material do beneficiário. A Lei n. 7.986/1989 disciplinou a pensão vitalícia definindo como beneficiários o próprio seringueiro e seus dependentes exigindo como requisitos a comprovação do exercício laboral na atividade e a situação de carência, fixando o valor do benefício em dois salários mínimos mensais. O fato de a lei de regência estipular como requisito para a concessão do benefício não possuir o beneficiário meios para a sua subsistência e da sua família demonstra que a manutenção do pagamento do benefício é incompatível com a existência de outra renda mensal ou periódica que garanta o sustento familiar. Ou seja, haveria uma situação de incompatibilidade no sistema de assistência social brasileiro para a concessão simultânea de benefícios previdenciários de natureza contributiva, entendendo este como uma prestação paga ao trabalhador em razão da sua vinculação a um dos regimes públicos previdenciários vigentes (RGPS ou RPPS) e a concessão ou manutenção de um benefício assistencial em que a situação de vulnerabilidade social é pressuposto necessário para o pagamento.	

PROCESSO

AgInt no REsp 1946474 / AC

AGRAVO INTERNO NO RECURSO ESPECIAL

2021/0200034-2

RELATOR

Ministro SÉRGIO KUKINA (1155)

ÓRGÃO JULGADOR

T1 – PRIMEIRA TURMA

DATA DO JULGAMENTO

22/11/2022

DATA DA PUBLICAÇÃO/FONTE

DJe 25/11/2022

EMENTA

PREVIDENCIÁRIO E PROCESSUAL CIVIL. AGRAVO INTERNO NO RECURSO ESPECIAL. SOLDADO DA BORRACHA. SERINGUEIRO. PENSÃO VITALÍCIA. ART. 54 DO ADCT. LEI N. 7.986/89. CUMULAÇÃO COM OUTRO BENEFÍCIO PREVIDENCIÁRIO. IMPOSSIBILIDADE.

1. Cuidam os autos da possibilidade de cumulação de pensão vitalícia de seringueiro, prevista no art. 54 do ADCT e regulamentada pela Lei 7.986/89, com outro benefício previdenciário.

2. Segundo consolidado e atual entendimento desta Corte, não é possível a cumulação de pensão vitalícia de seringueiro, prevista no art. 54 do ADCT, com outro benefício previdenciário, pois "Há uma situação de incompatibilidade no sistema de assistência social brasileiro para a concessão simultânea de benefícios previdenciários de natureza contributiva, entendendo este como uma prestação paga ao trabalhador em razão da sua vinculação a um dos

regimes públicos previdenciários vigentes (RGPS ou RPPS) e a concessão ou manutenção de um benefício assistencial em que a situação de vulnerabilidade social é pressuposto necessário para o pagamento." (REsp 1755140/AM, Rel. Ministro HERMAN BENJAMIN, SEGUNDA TURMA, julgado em 7/2/2019, DJe 30/5/2019).

3. Agravo interno a que se nega provimento.

No entanto, existe uma ação coletiva de âmbito nacional na Justiça Federal do Acre contra o INSS:

Memorando-Circular Conjunto nº 3 /DIRBEN/DIRAT/PFE/INSS

Em, 30 de janeiro de 2019.

Assunto: **Pensão mensal vitalícia de seringueiro ou de dependente (benefício do "soldado da borracha"). Determinação judicial para afastar a incidência do contido no § 2º, art. 3º da Portaria MPAS nº 4.630/90 e inciso IV, art. 528, da Instrução Normativa nº 77/INSS/PRES, de 21 de janeiro de 2015 – Ação Civil Pública nº 0004485-40.2016.4.01.3000.**

1. A decisão judicial proferida na Ação Civil Pública – ACP nº 0004485-40.2016.4.01.3000 determinou que este Instituto afaste a incidência do contido no § 2º, art. 3º, da Portaria MPAS nº 4.630, de 13 de março de 1990, e inciso IV, art. 528, da Instrução Normativa nº 77/INSS/PRES, de 21 de janeiro de 2015, para o fim de possibilitar a acumulação da pensão mensal vitalícia de seringueiro ou de dependente de seringueiro com benefício previdenciário, desde que comprovados todos os requisitos para a concessão do benefício.

1.1. Aplica-se o disposto na referida ACP para requerimentos efetivados a partir de 9/8/2017 (Data de Entrada do Requerimento – DER).

1.2. A decisão é de abrangência nacional, para requerimentos tanto da pensão mensal vitalícia do seringueiro (espécie 85) quanto aos seus dependentes (espécie 86).

No entanto, existe decisão em outra ACP tomada pelo STJ a favor do INSS em ação ajuizada na Justiça Federal do Amazonas em 1997 (mais antiga), que deveria ser a prevalente por ter sido a primeira proposta ou, ao menos, limitar a do Estado do Acre àquela unidade da federação:

> **PROCESSO**
>
> REsp 1755140 / AM
>
> RECURSO ESPECIAL
>
> 2018/0171644-1
>
> **RELATOR**
>
> Ministro HERMAN BENJAMIN (1132)
>
> **ÓRGÃO JULGADOR**
>
> T2 – SEGUNDA TURMA
>
> **DATA DO JULGAMENTO**
>
> 07/02/2019
>
> **DATA DA PUBLICAÇÃO/FONTE**
>
> DJe 30/05/2019
>
> **EMENTA**
>
> **PREVIDENCIÁRIO E ASSISTENCIAL. PENSÃO VITALÍCIA. SERINGUEIROS (SOLDADOS DA BORRACHA). NATUREZA ASSISTENCIAL. CUMULAÇÃO. BENEFÍCIO PREVIDENCIÁRIO. IMPOSSIBILIDADE.**
>
> **1. Trata-se, na origem, de Ação Civil Pública proposta pelo MPF e pelo MPE/AM contra o INSS com o objetivo de reestabelecer os benefícios de aposentadoria cancelados por ocasião do deferimento de pensão vitalícia "Soldado da Borracha", bem como o pagamento das prestações pretéritas não pagas.**
>
> 2. A sentença julgou a ação procedente. O Tribunal a quo negou provimento à Apelação do INSS para permitir a

cumulação de aposentadoria e da pensão vitalícia concedida ao Soldado da Borracha, nos termos do art. 54 da ADCT e do art. 3º da Lei 7. 986/1989.

3. O constituinte de 1988, reconhecendo a necessidade de amparar os seringueiros que atenderam ao apelo do Governo brasileiro para o esforço de guerra, trabalhando na produção da borracha na região amazônica durante a Segunda Guerra Mundial, previu a concessão de um benefício de natureza assistencial conhecido como "pensão vitalícia aos Soldados da Borracha" quando comprovada a situação de carência material do beneficiário.

4. A Lei 7.986/1989 disciplinou a pensão vitalícia definindo como beneficiários o próprio seringueiro e seus dependentes exigindo como requisitos a comprovação do exercício laboral na atividade e a situação de carência, fixando o valor do benefício em dois salários mínimos mensais.

5. A natureza assistencial da prestação está evidenciada no texto normativo quando estabelece como requisito essencial para sua concessão que os seringueiros não possuam meios para a sua subsistência e da sua família, bem como o estado de carência material do seringueiro e do dependente, conforme o caso.

6. A redação do Decreto-Lei 9.882/1946 previa a elaboração de um plano para a execução de um programa de assistência imediata aos trabalhadores encaminhados para a Amazônia, durante o período de intensificação da produção da borracha para o esforço de guerra, o que revela a natureza assistencial do benefício criado pela Lei 7. 986/1989.

7. A pensão vitalícia para assistência dos seringueiros foi inserida no ordenamento jurídico brasileiro como um auxílio financeiro àqueles trabalhadores que se encontravam em situação de carência e necessitavam de amparo estatal.

8. Não há na Lei 7.986/1989 as situações em que o beneficiário da prestação mensal deixaria de recebê-la em razão

de fato jurídico superveniente, até mesmo porque, por se tratar de pensão vitalícia em que a relação jurídica é continuativa, não poderia antecipar todas as situações possíveis em que o estado de necessidade financeira do beneficiário não mais estaria presente.

9. O fato de a lei de regência estipular como requisito para a concessão do benefício não possuir o beneficiário meios para a sua subsistência e da sua família demonstra que a manutenção do pagamento do benefício é incompatível com a existência de outra renda mensal ou periódica que garanta o sustento familiar.

10. Como definido na Lei Orgânica da Assistência Social, "A assistência social, direito do cidadão e dever do Estado, é Política de Seguridade Social não contributiva, que provê os mínimos sociais, realizada através de um conjunto integrado de ações de iniciativa pública e da sociedade, para garantir o atendimento às necessidades básicas" (art. 1º da Lei 8.742/1993).

11. A atuação do Estado mediante a implementação de políticas públicas direcionadas a eliminar a situação de vulnerabilidade social atua para a eliminação da situação de pobreza ou de hipossuficiência material, enquanto perdurarem as situações fáticas que ensejaram a atuação da proteção social estatal. Ou seja, nos casos em que o Estado garante o pagamento de prestações financeiras mensais a eliminação posterior da situação de necessidade material enseja a suspensão do pagamento do benefício.

12. Nessa linha argumentativa, a Lei 8.742/1993, ao conceber o benefício de prestação continuada no valor de um salário mínimo ao idoso com sessenta e cinco anos de idade e à pessoa com deficiência, previu que "O benefício de que trata este artigo não pode ser acumulado pelo beneficiário com qualquer outro no âmbito da seguridade social ou de outro regime, salvo os da assistência médica e da pensão especial de natureza indenizatória" (§ 4º do art.

20); que "O pagamento do benefício cessa no momento em que forem superadas as condições referidas no caput, ou em caso de morte do beneficiário" (§ 1º do art. 21); e que "O benefício de prestação continuada será suspenso pelo órgão concedente quando a pessoa com deficiência exercer atividade remunerada, inclusive na condição de microempreendedor individual" (art. 21-A).

13. Há uma situação de incompatibilidade no sistema de assistência social brasileiro para a concessão simultânea de benefícios previdenciários de natureza contributiva, entendendo este como uma prestação paga ao trabalhador em razão da sua vinculação a um dos regimes públicos previdenciários vigentes (RGPS ou RPPS) e a concessão ou manutenção de um benefício assistencial em que a situação de vulnerabilidade social é pressuposto necessário para o pagamento. Nesse sentido, os seguintes precedentes do STJ: REsp 753. 414/SP, Rel. Ministro Gilson Dipp, Quinta Turma, julgado em 20/9/2005, DJ 10/10/2005, p. 426; REsp 202.102/RS, Rel. Ministro Gilson Dipp, Quinta Turma, julgado em 4/4/2000, DJ 2/5/2000, p. 160.

14. Tal entendimento está normatizado no âmbito da autarquia previdenciária na Instrução Normativa 77/2015 (art. 528, IV) que veda o recebimento conjunto da "pensão mensal vitalícia de seringueiro (soldado da borracha), com qualquer outro Benefício de Prestação Continuada mantido pela Previdência Social".

15. É possível ao INSS, como órgão responsável pela concessão e manutenção da pensão vitalícia disciplinada pela Lei 7.986/1989, de acordo com cada caso concreto, quando constatar não mais estarem presentes os requisitos para a sua concessão, especialmente a ausência da situação de carência material estabelecida pelo art. 54 da ADCT e arts. 1º e 2º da Lei 7.986/1989, após o devido processo legal em que sejam garantidos o contraditório e a ampla defesa, suspender o pagamento do referido benefício assistencial,

sem prejuízo de possibilitar ao beneficiário a escolha do benefício mais vantajoso economicamente (mais favorável), quando presentes os requisitos necessários à concessão de ambos.

16. Recurso Especial provido.

Vale registrar que os pedidos administrativos ou ações judiciais ajuizadas antes da vigência da Lei 9.711/98 dispensam a exigência de prova material contemporânea da condição de seringueiro.

Por outro lado, os pedidos administrativos ou ações judiciais ajuizadas após a vigência da Lei 9.711/98 exigirão início de prova material contemporânea da condição de seringueiro, não sendo admitida prova exclusivamente testemunhal.

Nesse sentido, o STJ (Informativo 598):

PROCESSO	**REsp 1.329.812-AM, Rel. Min. Sérgio Kukina, Rel. para acórdão Min. Napoleão Nunes Maia Filho, por maioria, julgado em 6/12/2016, DJe 20/2/2017.**
RAMO DO DIREITO	DIREITO PREVIDENCIÁRIO
TEMA	Soldado da borracha. Pensão mensal vitalícia. Justificação judicial admitida. Lei n. 7.986/89. Alteração legislativa. Lei n. 9.711/98. Exigência de início de prova material. Condição de seringueiro reconhecida.
DESTAQUE	
Para recebimento do benefício previsto no art. 54 do ADCT/88, a justificação administrativa ou judicial é, por si só, meio de prova hábil para comprovar o exercício da atividade de seringueiro quando requerida na vigência da Lei n. 7.986/1989, antes da alteração legislativa trazida pela Lei n. 9.711/1998, que passou a exigir início de prova material.	

INFORMAÇÕES DO INTEIRO TEOR

Cinge-se a discussão em definir se, para a obtenção de pensão mensal vitalícia, seria suficiente a comprovação da condição de "soldado da borracha" mediante justificação judicial calcada apenas em prova testemunhal, como permitia a letra original do art. 3º da Lei n. 7.986/89, mas que vem a instruir ação proposta quando já em vigor a Lei n. 9.711/98, que passou a exigir, para essa hipótese, a apresentação de início de prova material. Para comprovação de condição de soldado da borracha, a Lei n. 7.986/1989, em sua redação original, autorizava, para o deferimento do pedido, a consideração de todos os meios de prova admitidos em direito, inclusive a justificação administrativa ou judicial, sem exigência de início de prova material. Posteriormente, o art. 3º desse diploma legal, com alteração introduzida pela Lei n. 9.711/1998, passou a exigir, para a comprovação da efetiva prestação de serviços, inclusive mediante justificação administrativa ou judicial, a apresentação de início de prova material, não sendo admitida prova exclusivamente testemunhal. Tem-se, assim, que o termo limite para ajuizamento da justificativa judicial válida como prova material da condição de seringueiro – soldado da borracha – é a data da edição da Lei n. 9.711/98, ou seja, 22/11/1998. Não é demais frisar que o soldado da borracha recebeu tratamento especial da própria norma constitucional transitória, valorizando o esforço de trabalho dessas pessoas no período da Segunda Guerra Mundial e reconhecendo que muitos foram trabalhar nos seringais sem que tenham sido regularmente contratados, submetendo-se às mais adversas condições de trabalho, muitas vezes em condições análogas à de escravo, além de se sujeitar a doenças tropicais como a malária, que vitimou muitos nordestinos na Amazônia. Tal situação ainda hoje é vista, especialmente nas Regiões Norte e Nordeste do país, que ainda mantêm milhares de pessoas submetidas a rígidos regimes de trabalho sem a formalidade necessária a lhes garantir seus direitos previdenciários e sem respeito às normas trabalhistas, imagina-se, então, em 1939, como era a situação desses brasileiros que se lançaram ao trabalho de extração do látex da seringueira. Impor a esses trabalhadores árduos obstáculos burocráticos à concessão de seu benefício, contraria não só os princípios constitucionais que norteiam os benefícios previdenciários, como também contraria a lógica e a realidade dos fatos e os postulados humanitários.

A residência do requerente em casa de outrem, parente ou não, ou sua internação ou recolhimento em instituição de caridade não será óbice ao direito à pensão mensal vitalícia do seringueiro[5].

Nos termos do artigo 490 da Instrução Normativa INSS 128/2022, para comprovação da efetiva prestação de serviços, serão aceitos como prova plena:

> I – os documentos emitidos pela Comissão Administrativa de Encaminhamento de Trabalhadores para a Amazônia – CAETA, em que conste ter sido o interessado recrutado nos termos do Decreto-Lei nº 5.813, de 1943, para prestar serviços na região amazônica, em conformidade com o acordo celebrado entre a Comissão de Controle dos Acordos de Washington e a Rubber Development Corporation;
>
> II – contrato de encaminhamento emitido pela CAETA;
>
> III – caderneta do seringueiro, em que conste anotação de contrato de trabalho;
>
> IV – contrato de trabalho para extração de borracha, em que conste o número da matrícula ou o do contrato de trabalho do seringueiro;
>
> V – ficha de anotações do Serviço Especializado da Mobilização de Trabalhadores para a Amazônia – SEMTA ou da Superintendência de Abastecimento do Vale Amazônico – SAVA, em que conste o número da matrícula do seringueiro, bem como anotações de respectivas contas; e
>
> VI – documento emitido pelo ex-departamento de Imigração do Ministério do Trabalho, Indústria e Comércio ou pela Comissão de Controle dos Acordos de Washington, do então Ministério da Fazenda, que comprove ter sido o requerente amparado pelo programa de assistência imediata aos trabalhadores encaminhados para o Vale Amazônico, durante o período de intensificação da produção de borracha para o esforço de guerra.

5. Artigo 488 da Instrução Normativa INSS 128/2022.

Ademais, será admitida a JA ou a Justificação Judicial – JJ, como um dos meios para provar que o seringueiro atendeu ao chamamento do governo brasileiro para trabalhar na região amazônica, desde que acompanhada de razoável início de prova material, conforme alterações introduzidas pela Lei nº 9.711, de 20 de novembro de 1998.

Por fim, a pensão mensal vitalícia continuará sendo paga ao dependente do beneficiário, por morte deste último, no valor integral do benefício recebido, desde que comprove o estado de carência e não seja mantido por pessoa de quem dependa obrigatoriamente[6].

NORMATIZAÇÃO DO INSS – INSTRUÇÃO NORMATIVA 128/2022:

Seção II

Da Pensão Mensal Vitalícia do Seringueiro e Seus Dependentes – Decreto-Lei nº 9.882, de 16 de setembro de 1946

Art. 487. Para fazer jus à pensão mensal vitalícia, o requerente deverá comprovar que:

I – não aufere rendimento, sob qualquer forma, igual ou superior a 2 (dois) salários mínimos;

II – não recebe qualquer espécie de benefício pago pelo RGPS ou RPPS; e

III – encontra-se em uma das seguintes situações:

a) trabalhou como seringueiro recrutado nos termos do Decreto-Lei nº 5.813, de 14 de setembro de 1943, durante a Segunda Guerra Mundial, nos seringais da região amazônica, e foi amparado pelo Decreto-Lei nº 9.882, de 1946; ou

b) trabalhou como seringueiro na região amazônica atendendo ao apelo do governo brasileiro, contribuindo para o esforço de guerra na produção da borracha, durante a Segunda Guerra Mundial.

6. Artigo 492 da Instrução Normativa INSS 128/2022.

Art. 488. A residência do requerente em casa de outrem, parente ou não, ou sua internação ou recolhimento em instituição de caridade não será óbice ao direito à pensão mensal vitalícia do seringueiro.

Art. 489. É vedada a percepção cumulativa da pensão mensal vitalícia com qualquer outro benefício de prestação continuada mantido pelo RGPS ou RPPS, ressalvada a possibilidade de opção pelo benefício mais vantajoso.

Parágrafo único. A prova de que não recebe qualquer espécie de benefício ou rendimentos será feita pelo próprio requerente, mediante termo de responsabilidade firmado quando da assinatura do requerimento.

Art. 490. Para comprovação da efetiva prestação de serviços, serão aceitos como prova plena:

I – os documentos emitidos pela Comissão Administrativa de Encaminhamento de Trabalhadores para a Amazônia – CAETA, em que conste ter sido o interessado recrutado nos termos do Decreto-Lei nº 5.813, de 1943, para prestar serviços na região amazônica, em conformidade com o acordo celebrado entre a Comissão de Controle dos Acordos de Washington e a Rubber Development Corporation;

II – contrato de encaminhamento emitido pela CAETA;

III – caderneta do seringueiro, em que conste anotação de contrato de trabalho;

IV – contrato de trabalho para extração de borracha, em que conste o número da matrícula ou o do contrato de trabalho do seringueiro;

V – ficha de anotações do Serviço Especializado da Mobilização de Trabalhadores para a Amazônia – SEMTA ou da Superintendência de Abastecimento do Vale Amazônico – SAVA, em que conste o número da matrícula do seringueiro, bem como anotações de respectivas contas; e

VI – documento emitido pelo ex-departamento de Imigração do Ministério do Trabalho, Indústria e Comércio ou pela Comissão de Controle dos Acordos de Washington, do então Ministério da Fazenda, que comprove ter sido o requerente amparado pelo programa de assistência imediata aos trabalhadores encaminhados para o Vale Amazônico, durante o período de intensificação da produção de borracha para o esforço de guerra.

Parágrafo único. Para fins do disposto neste artigo, será admitida a JA ou a Justificação Judicial -JJ, como um dos meios para provar que o seringueiro atendeu ao chamamento do governo brasileiro para trabalhar na região amazônica, desde que acompanhada de razoável início de prova material, conforme alterações introduzidas pela Lei nº 9.711, de 20 de novembro de 1998.

Art. 491. O início da pensão mensal vitalícia do seringueiro será fixado na DER e o valor mensal corresponderá a 2 (dois) salários mínimos vigentes no País.

Art. 492. A pensão mensal vitalícia continuará sendo paga ao dependente do beneficiário, por morte deste último, no valor integral do benefício recebido, desde que comprove o estado de carência, na forma dos incisos I e II do art. 487, e não seja mantido por pessoa de quem dependa obrigatoriamente.

CAPÍTULO 6

PENSÃO MENSAL DAS VÍTIMAS DA HEMODIÁLISE DE CARUARU: LEI 9.422/1996

Trata-se de um benefício no valor de um salário mínimo, pago desde o óbito ao cônjuge, companheiro ou companheira, descendente, ascendente e colaterais até segundo grau das vítimas fatais de hepatite tóxica, por contaminação em processo de hemodiálise no Instituto de Doenças Renais, com sede na cidade de Caruaru, no Estado de Pernambuco, no período compreendido entre fevereiro e março de 1996, mediante evidências clínico-epidemiológicas determinadas pela autoridade competente.

Conquanto seja pago pelo INSS, cuida-se de benefício assistencial, cabendo à União ressarcir o fundo RGPS, pois a responsabilidade pelo seu custeio é do Tesouro Nacional.

A autorização desse benefício adveio da Lei 9.422/96, sendo claramente indenizatório, podendo ser cumulado com benefícios previdenciários ou assistenciais. Contudo, deverá cessar o seu pagamento se a Justiça sentenciar os proprietários do referido Instituto com o pagamento de pensão ou indenização aos dependentes das vítimas.

Consideram-se beneficiários da Pensão Especial Mensal, nos termos do artigo 494 da Instrução Normativa INSS 128/2022:

I – o cônjuge, o companheiro ou companheira e o filho não emancipado, de qualquer condição, menor de 21 (vinte e um) anos de idade ou inválido;

II – os pais;

III – o irmão não emancipado de qualquer condição, menor de 21 (vinte e um) anos de idade ou inválido; e

IV – os avós e o neto não emancipado de qualquer condição, menor de 21 (vinte e um) anos de idade ou inválido.

No entanto, o INSS deveria ter inserido o filho ou irmão com deficiência mental ou intelectual, ou com deficiência grave, a fim de se alinhar à Lei 8.213/91, pois o artigo 2º da Lei 9.422/1996 determina a aplicação do artigo 77 da Lei 8.213/91:

> *"Art. 2º Havendo mais de um pensionista habilitado ao recebimento da pensão de que trata o artigo anterior, aplica-se, no que couber, o disposto no art. 77 da Lei nº 8.213, de 24 de julho de 1991".*

A concessão da Pensão Especial Mensal dependerá do atestado de óbito da vítima, indicativo de causa mortis relacionada com a hepatite tóxica por contaminação em processo de hemodiálise realizada no Instituto de Doenças Renais, com sede na cidade de Caruaru, no Estado de Pernambuco, no período de 1º de fevereiro de 1996 a 31 de março de 1996, mediante evidências clínico-epidemiológicas determinadas pela autoridade competente, comprovados com o respectivo prontuário médico, e da qualificação definida no citado artigo, justificado judicialmente, quando inexistir documento oficial que o declare.

Para fins de comprovação da causa mortis, deverá ser apresentado ao INSS:

I – certidão de óbito com o indicativo da causa mortis; e

II – prontuário médico em que fique evidenciado que a contaminação, em processo de hemodiálise no Instituto de

Doenças Renais de Caruaru/PE, ocorreu no período de 1º de fevereiro a 31 de março de 1996, independentemente da data do óbito ter ocorrido após este período.

Esta pensão não dá direito ao abono anual, não sendo transmitida aos sucessores e extinguindo-se com a morte do último beneficiário.

A data de início da Pensão Especial Mensal será fixada na data do óbito e o valor corresponderá a um salário mínimo vigente no país, observada a prescrição quinquenal.

É permitida a acumulação da Pensão Especial Mensal com qualquer outro benefício da Previdência Social ou de qualquer outro regime previdenciário, inclusive o Benefício Assistencial de que trata a Lei nº 8.742, de 1993[1].

NORMATIZAÇÃO DO INSS – INSTRUÇÃO NORMATIVA 128/2022:

Seção III

Da Pensão especial das Vítimas de Hemodiálise de Caruaru – PE – Lei nº 9.422, de 24 de dezembro de 1996

Art. 493. É garantido o direito à Pensão Especial Mensal ao cônjuge, companheiro ou companheira, descendentes, ascendentes e colaterais até segundo grau, das vítimas fatais de hepatite tóxica, por contaminação em processo de hemodiálise realizada no Instituto de Doenças Renais, com sede na cidade de Caruaru, no Estado de Pernambuco, no período de 1º de fevereiro de 1996 a 31 de março de 1996, mediante evidências clínico-epidemiológicas determinadas pela autoridade competente, conforme o disposto na Lei nº 9.422, de 1996.

Art. 494. Consideram-se beneficiários da Pensão Especial Mensal:

I – o cônjuge, o companheiro ou companheira e o filho não emancipado, de qualquer condição, menor de 21 (vinte e um) anos de idade ou inválido;

1. Artigo 498 da Instrução Normativa INSS 128/2022.

II – os pais;

III – o irmão não emancipado de qualquer condição, menor de 21 (vinte e um) anos de idade ou inválido; e

IV – os avós e o neto não emancipado de qualquer condição, menor de 21 (vinte e um) anos de idade ou inválido.

§ 1º Havendo mais de um pensionista habilitado ao recebimento da Pensão Especial Mensal, o valor do benefício será rateado entre todos em partes iguais, sendo revertida em favor dos demais a parte daquele cujo direito à pensão cessar.

§ 2º A existência de dependentes de uma mesma classe exclui os dependentes das classes seguintes, quanto ao direito às prestações.

Art. 495. A concessão da Pensão Especial Mensal dependerá do atestado de óbito da vítima, indicativo de causa mortis relacionada com os incidentes mencionados no art. 493, comprovados com o respectivo prontuário médico, e da qualificação definida no citado artigo, justificado judicialmente, quando inexistir documento oficial que o declare.

Art. 496. Para fins de comprovação da causa mortis, deverá ser apresentado:

I – certidão de óbito com o indicativo da causa mortis; e

II – prontuário médico em que fique evidenciado que a contaminação, em processo de hemodiálise no Instituto de Doenças Renais de Caruaru/PE, ocorreu no período de 1º de fevereiro a 31 de março de 1996, independentemente da data do óbito ter ocorrido após este período.

Art. 497. A data de início da Pensão Especial Mensal será fixada na data do óbito e o valor corresponderá a um salário mínimo vigente no país, observada a prescrição quinquenal.

§ 1º Aos beneficiários da Pensão Especial Mensal não será devido o pagamento do abono anual.

§ 2º A Pensão Especial Mensal não se transmitirá aos sucessores e se extinguirá com a morte do último beneficiário.

Art. 498. É permitida a acumulação da Pensão Especial Mensal com qualquer outro benefício do RGPS ou de RPPS, inclusive o Benefício Assistencial de que trata a Lei nº 8.742, de 1993.

Art. 499. O pagamento da Pensão Especial Mensal será suspenso no caso de verificação de pagamento da indenização aos dependentes das vítimas pelos proprietários do Instituto de Doenças Renais de Caruaru/PE.

CAPÍTULO 7

PENSÃO MENSAL DAS VÍTIMAS DA HANSENÍASE: LEI 11.520/2007 E 14.736/2023

Foi instituída pela Medida Provisória 373/04, convertida na Lei 11.520/07, a título de indenização especial, no valor originário de R$ 750,00 (reajustável pelo índice legal), às pessoas atingidas pela hanseníase e que foram submetidas a isolamento e internação compulsórios em hospitais-colônia até 31 de dezembro de 1986. O valor atualizado para o exercício de 2023 era de R$ 1.940,33.

Com o advento da Lei 14.736/2023, tivemos uma alteração normativa na Lei 11.520/2007:

> ~~"Art. 1º Fica o Poder Executivo autorizado a conceder pensão especial, mensal, vitalícia e intransferível, às pessoas atingidas pela hanseníase e que foram submetidas a isolamento e internação compulsórios em hospitais-colônia, até 31 de dezembro de 1986, que a requererem, a título de indenização especial, correspondente a R$ 750,00 (setecentos e cinqüenta reais).~~
>
> *Art. 1º Fica o Poder Executivo autorizado a conceder pensão especial mensal, vitalícia e intransferível às pessoas atingidas pela hanseníase que foram compulsoriamente submetidas, até 31 de dezembro de 1986,* ***a isolamento, domiciliar ou em seringais****, ou a internação em hospitais-colônia, que*

a requererem, a título de indenização especial, ***não inferior ao salário mínimo nacional vigente.*** *(Redação dada pela Lei nº 14.736, de 2023)"*

O curioso é que aparentemente poderemos ter uma redução da renda mensal, pois o valor anteriormente pago atualizado em **2025** é de R$ **2.108,31** , ao passo que com o advento da Lei 14.736/2023 o valor não mais está fixado, mas apenas a novel legislação aduz que não poderá ser inferior a um salário mínimo.

Considerando que a pensão é indenizatória de um fato antigo, a meu ver não há possibilidade de redução da renda mensal em razão do Princípio Constitucional de Seguridade Social da Irredutibilidade do Valor do Benefício, considerando que o direito adquirido se formou com o advento da Lei 11.520/2007.

Registre-se que tivemos duas ampliações da hipótese de concessão. A primeira extensão se deu em favor das pessoas atingidas pela hanseníase que foram compulsoriamente submetidas, até 31 de dezembro de 1986, a isolamento, domiciliar ou em seringais.

A segunda ampliação, inaugurada pela Lei 14.736/2023, foi em favor dos filhos que foram separados dos genitores em razão do isolamento ou da internação destes, nas situações suso descritas, com efeitos financeiros a contar da data do requerimento administrativo:

> *"Art. 1º-A. Fica o Poder Executivo autorizado a conceder pensão especial mensal, vitalícia e intransferível aos* ***filhos que foram separados dos genitores em razão do isolamento ou da internação destes, nas condições estabelecidas no art. 1º desta Lei****, que a requererem, a título de indenização especial, não inferior ao salário mínimo nacional vigente. (Incluído pela Lei nº 14.736, de 2023)*
>
> *Parágrafo único. O benefício de que trata o caput deste artigo somente será devido* ***a partir do requerimento do***

interessado e não produzirá efeitos retroativos*. (Incluído pela Lei nº 14.736, de 2023)".*

Será paga desde o requerimento administrativo, após a vigência da referida lei, sendo de índole personalíssima, pois não transferível aos dependentes ou terceiros (salvo em favor dos filhos que foram separados dos genitores em razão do isolamento ou da internação destes), podendo ser acumulada com benefícios previdenciários, mas não com indenização civil da União pelo mesmo título.

Quem deferirá o pedido será o Secretário Especial dos Direitos Humanos da Presidência da República, após parecer da Comissão Interministerial de Avaliação, cabendo ao INSS o seu processamento e pagamento, mas haverá posterior ressarcimento por parte da União, pois se cuida de benefício assistencialista indenizatório, que não deverá onerar o Fundo do RGPS.

A pensão especial hanseníase, espécie 96, prevista na Medida Provisória nº 373, de 24 de maio de 2007, convertida na Lei nº 11.520, de 2007, e regulamentada pelo Decreto nº 6.168, de 24 de julho de 2007, é devida às pessoas atingidas pela hanseníase e que foram submetidas a isolamento e internação compulsórios em hospitais-colônia até 31 de dezembro de 1986.

De acordo com a TNU, "o preenchimento do requisito de isolamento e internação compulsórios previsto no art. 1º da Lei nº 11.520/2007 deve ser comprovado por aquele que pretende a concessão da pensão especial, sendo incabível presumir a compulsoriedade da internação pela simples realização de tratamentos médico-hospitalares" (PUIL n. 5021979-86.2021.4.04.7100 / RS, de 10/02/2022).

A sua regulação atualmente se encontra entre os artigos 500 e 507 da Instrução Normativa INSS 128/2022.Desde 25 de maio de

2007, data da publicação da Medida Provisória nº 373, os requerimentos da pensão especial hanseníase não são protocolados nas APS, devendo ser endereçados ao Ministério da Mulher, da Família e dos Direitos Humanos ou quem lhe suceder, na forma prevista no Decreto nº 6.168, de 2007.

O requerimento é feito mediante o preenchimento do formulário anexo ao Decreto nº 6.168, de 2007, e encaminhamento para o Ministério da Mulher, da Família e dos Direitos Humanos ou órgão sucessor.

Conjuntamente com o requerimento, devem ser apresentados os documentos pessoais de identificação, o CPF e todos os documentos e informações comprobatórios da internação compulsória.

Os requerimentos apresentados são submetidos à Comissão Interministerial de Avaliação, instituída pelo art. 2º da Medida Provisória nº 373, de 2007, responsável pela análise de todos os requerimentos.

Compete ao INSS prestar apoio administrativo, bem como os meios necessários à execução dos trabalhos da Comissão Interministerial de Avaliação, nos termos do inciso II do art. 5º do Decreto nº 6.168, de 2007, e § 3º do art. 2º da Lei nº 11.520, de 2007.

Agora o procedimento consta do **Decreto 12.312/2024**. Os requerimentos de pensão especial deverão ser endereçados à **Ministra de Estado dos Direitos Humanos e da Cidadania** e encaminhados com os documentos e as informações comprobatórios do cumprimento, pelos requerentes, dos requisitos normativos.

A Comissão Interministerial de Avaliação emitirá parecer prévio para subsidiar a decisão da Ministra de Estado dos Direitos Humanos e da Cidadania quanto ao deferimento ou ao indeferimento dos requerimentos em questão.

A Comissão Interministerial de Avaliação é composta por três representantes dos seguintes órgãos:

I – Ministério dos Direitos Humanos e da Cidadania, dos quais um a coordenará;

II – Ministério da Saúde;

III – Ministério da Previdência Social; e

IV – Ministério do Desenvolvimento e Assistência Social, Família e Combate à Fome.

A Comissão Interministerial de Avaliação se reunirá, em caráter ordinário, mensalmente e, em caráter extraordinário, mediante convocação de seu Coordenador, por proposição de quaisquer de seus membros.

À Comissão Interministerial de Avaliação compete:

I – instaurar os processos administrativos para verificar a elegibilidade de pessoas requerentes às hipóteses de pensão especial de que tratam os art. 1º e art. 1º-A da Lei nº 11.520, de 18 de setembro de 2007;

II – realizar diligências e solicitar provas sempre que necessário à instrução dos processos de que trata o inciso I;

III – manter base de dados sobre os requerimentos apresentados à Comissão, com as informações de identificação e documentação, as características demográficas e o tipo de violação alegada pelas pessoas requerentes;

IV – encaminhar à Ministra de Estado dos Direitos Humanos e da Cidadania o parecer prévio sobre o enquadramento da solicitação de cada requerente da pensão especial em uma das quatro hipóteses expressas nos art. 1º e art. 1º-A da Lei nº 11.520, de 18 de setembro de 2007, conforme o disposto no art. 10, *caput*, incisos I a IV, deste Decreto;

V – propor e acompanhar medidas de preservação da memória documental, oral, física e arquitetônica sobre a

> internação e o isolamento compulsórios de pessoas com hanseníase e suas consequências;
>
> VI – propor e acompanhar medidas de enfrentamento da discriminação e de promoção dos direitos humanos de pessoas com hanseníase e de filhas ou filhos que foram separados dos genitores em razão do isolamento ou da internação destes e de comunidades remanescentes das políticas de internação e isolamento compulsórios;
>
> VII – apresentar relatório anual com a relação completa dos processos submetidos à Ministra de Estado dos Direitos Humanos e da Cidadania para decisão final; e
>
> VIII – cumprir com as obrigações estabelecidas pela Ministra de Estado dos Direitos Humanos e da Cidadania no ato ministerial.

Para verificar a elegibilidade das pessoas requerentes à pensão especial de que tratam os art. 1º e art. 1º-A da Lei nº 11.520, de 18 de setembro de 2007, a Comissão Interministerial de Avaliação analisará a existência de:

> I – na hipótese de requerimentos de pessoas compulsoriamente submetidas a internação em hospitais-colônia, provas de internação compulsória em hospitais colônia e de diagnóstico de hanseníase anteriores a 31 de dezembro de 1986;
>
> II – na hipótese de requerimentos de pessoas compulsoriamente submetidas a **isolamento domiciliar**, provas de isolamento domiciliar de natureza compulsória e de diagnóstico de hanseníase anteriores a 31 de dezembro de 1986;
>
> III – na hipótese de requerimentos de pessoas compulsoriamente submetidas a isolamento em **seringais**, provas de isolamento em seringais de natureza compulsória e de

diagnóstico de hanseníase anteriores a 31 de dezembro de 1986; e

IV – na hipótese de **filhas e filhos separados dos genitores** em razão do isolamento ou da internação destes, provas do enquadramento de, no mínimo, um genitor nas hipóteses de que tratam os incisos I, II e III, e de que o isolamento ou a internação resultou, até 31 de dezembro de 1986, na separação entre a pessoa genitora e filho ou filha, criança ou adolescente.

Após a publicação do ato da Ministra de Estado dos Direitos Humanos e da Cidadania com deferimento de requerimento da pensão especial de que trata este Decreto, o processo administrativo será enviado ao INSS para o processamento, a manutenção e o pagamento da pensão especial.

Registre-se que, observado o disposto na alínea "c" do inciso II do art. 35 do Anexo ao Decreto nº 9.580, de 22 de novembro de 2018, **são isentos de tributação os rendimentos decorrentes da pensão especial hanseníase**.

A indenização será paga diretamente ao beneficiário, salvo em caso de justo motivo, quando poderá ser constituído procurador especialmente para este fim.

A pensão especial hanseníase **não gera direito ao abono anual**. Se no procedimento de implantação da pensão especial for constatado o óbito do beneficiário, a implantação deve ser realizada e os créditos relativos ao período de 25 de maio de 2007 até a data do óbito devem ser bloqueados, podendo ser emitidos posteriormente para pagamento aos sucessores do titular, mediante apresentação de alvará judicial ou escritura pública de inventário.

Eis o formulário de requerimento:

PRESIDÊNCIA DA REPÚBLICA

SECRETARIA ESPECIAL DOS DIREITOS HUMANOS

Esplanada dos Ministérios - Bloco T - Sala 420- Edifício Sede do Ministério da Justiça

70064-900 - Brasília - DF - Fone: (61) 3429.3142 / 3454 - Fax (61) 3223.2260

REQUERIMENTO DE PENSÃO ESPECIAL

Medida Provisória n º 373, de 24 de maio de 2007 (*)

NOME DO REQUERENTE		
ENDEREÇO:		
CEP:	CIDADE:	UF / TELEFONE:
NOME COMPLETO DA MÃE:		
NOME COMPLETO DO PAI:		
DOCUMENTO DE IDENTIFICAÇÃO:	ÓRGÃO EXPEDIDOR:	CPF (**)
LOCAL DE NASCIMENTO:	DATA DE NASCIMENTO	
PERÍODO DE ISOLAMENTO/INTERNAÇÃO COMPULSÓRIA:		
ENTIDADE (HOSPITAL-COLÔNIA) DE INTERNAÇÃO:		N º DO /PRONTUÁRIO/REGISTRO DE INTERNAÇÃO:

Declaro não ser, até a presente data, beneficiário de indenização a cargo da União em decorrência do isolamento/internação compulsório em hospital-colônia por ser portador de hanseníase. Declaro, ainda, serem verdadeiras as informações acima expostas, que motivam a solicitação de concessão da pensão indenizatória prevista na Medida Provisória n º 373, de 2007.

_______________, ____ de _______ de 2007 ____________________

Local e data do requerimento — Assinatura do Requerente ou Representante Legal

Com base no artigo 639, §1º, da Instrução Normativa INSS 128/2022, nos casos de benefício assistencial concedido a partir de 7 de julho de 2011, data de publicação da Lei nº 12.435, de 6 de julho de 2011, será admitida sua acumulação com as seguintes prestações de natureza indenizatória:

> I – espécie 54 – Pensão Indenizatória a Cargo da União;
>
> II – espécie 56 – Pensão Especial aos Deficientes Físicos Portadores da Síndrome da Talidomida – Lei nº 7.070, de 1982;
>
> III – espécie 60 – Benefício Indenizatório a Cargo da União;
>
> IV – espécie 89 – Pensão Especial aos Dependentes das Vítimas da Hemodiálise – Caruaru – PE – Lei nº 9.422, de 1996; e
>
> **V – espécie 96 – Pensão Especial (Hanseníase) – Lei nº 11.520, de 2007.**

Por fim, a teor do artigo 640 da Instrução Normativa INSS 128/2022O recebimento da pensão especial hanseníase não impede o recebimento de qualquer benefício previdenciário, podendo ser acumulada inclusive com a complementação paga nas aposentadorias concedidas e mantidas aos ferroviários admitidos até 31 de outubro de 1969, na Rede Ferroviária Federal S/A, bem como com os seguintes benefícios:

> I – amparo previdenciário por invalidez – trabalhador rural (espécie 11), amparo previdenciário por idade – trabalhador rural (espécie 12), renda mensal vitalícia por incapacidade (espécie 30) e renda mensal vitalícia por idade (espécie 40), instituídas pela Lei nº 6.179, de 11 de dezembro de 1974, dada a natureza mista, assistencial e previdenciária desses benefícios;
>
> II – pensão especial devida aos portadores da síndrome de talidomida (espécie 56); e
>
> III – amparo social à pessoa portadora de deficiência (espécie 87) e amparo social ao idoso (espécie 88) – benefícios assistenciais previstos na Lei Orgânica da Assistência Social.

NORMATIZAÇÃO DO INSS – INSTRUÇÃO NORMATIVA 128/2022:

Seção IV

Da Pensão Especial Hanseníase –
Lei nº 11.520, 18 de setembro de 2007

Art. 500. A pensão especial hanseníase, espécie 96, prevista na Medida Provisória nº 373, de 24 de maio de 2007, convertida na Lei nº 11.520, de 2007, e regulamentada pelo Decreto nº 6.168, de 24 de julho de 2007, é devida às pessoas atingidas pela hanseníase e que foram submetidas a isolamento e internação compulsórios em hospitais-colônia até 31 de dezembro de 1986.

§ 1º A pensão especial de que trata o caput é mensal, vitalícia e personalíssima, não sendo transmissível a dependentes e herdeiros e é devida a partir 25 de maio de 2007, data da publicação da Medida Provisória nº 373.

§ 2º O valor da pensão especial hanseníase é definido pela mesma portaria anual que reajusta os benefícios, pisos e tetos do RGPS.

Art. 501. Desde 25 de maio de 2007, data da publicação da Medida Provisória nº 373, os requerimentos da pensão especial hanseníase não são protocolados nas APS, devendo ser endereçados ao Ministério da Mulher, da Família e dos Direitos Humanos ou quem lhe suceder, na forma prevista no Decreto nº 6.168, de 2007.

§ 1º O requerimento é feito mediante o preenchimento do formulário anexo ao Decreto nº 6.168, de 2007, e encaminhamento para o Ministério da Mulher, da Família e dos Direitos Humanos ou órgão sucessor.

§ 2º Conjuntamente com o requerimento, devem ser apresentados os documentos pessoais de identificação, o CPF e todos os documentos e informações comprobatórios da internação compulsória.

§ 3º Os requerimentos apresentados na forma deste artigo são submetidos à Comissão Interministerial de Avaliação, instituída pelo art. 2º da Medida Provisória nº 373, de 2007, responsável pela análise de todos os requerimentos.

§ 4º Compete ao INSS prestar apoio administrativo, bem como os meios necessários à execução dos trabalhos da Comissão Interministerial de Avaliação, nos termos do inciso II do art. 5º do Decreto nº 6.168, de 2007, e § 3º do art. 2º da Lei nº 11.520, de 2007.

§ 5º Após análise e conclusão do processo de requerimento pela Comissão Interministerial de Avaliação, é publicada, no DOU, portaria do Ministério da Mulher, da Família e dos Direitos Humanos ou órgão que lhe suceda, referente à concessão ou indeferimento da pensão.

§ 6º Da decisão do Ministério da Mulher, da Família e dos Direitos Humanos, ou sucessor, cabe um único pedido de revisão, desde que acompanhado de novos elementos de convicção.

Art. 502. Para implantação, manutenção e pagamento da pensão especial hanseníase, após publicação da respectiva portaria de concessão, a Secretaria de Direitos Humanos da Presidência da República, ou órgão que lhe suceder, encaminhará ao INSS cópia integral do respectivo processo administrativo.

Art. 503. Observado o disposto na alínea "c" do inciso II do art. 35 do Anexo ao Decreto nº 9.580, de 22 de novembro de 2018, são isentos de tributação os rendimentos decorrentes da pensão especial hanseníase.

Art. 504. A indenização será paga diretamente ao beneficiário, salvo em caso de justo motivo, quando poderá ser constituído procurador especialmente para este fim, observadas as orientações sobre procuração definidas nesta Instrução Normativa.

Art. 505. A pensão especial hanseníase não gera direito ao abono anual.

Art. 506. Se no procedimento de implantação da pensão especial for constatado o óbito do beneficiário, a implantação deve ser realizada e os créditos relativos ao período de 25 de maio de 2007 até a data do óbito devem ser bloqueados, podendo ser emitidos posteriormente para pagamento aos sucessores do titular, mediante apresentação de alvará judicial ou escritura pública de inventário.

Art. 507. As despesas decorrentes do pagamento da pensão especial hanseníase, espécie 96, correm à conta do Tesouro Nacional e devem constar de programação orçamentária específica no orçamento do Ministério da Economia.

CAPÍTULO 8

AUXÍLIO ESPECIAL MENSAL DOS CAMPEÕES MUNDIAIS DE FUTEBOL DE 1958, 1962 E 1970: LEI 12.663/2012

A Lei 12.663/2012 instituiu um benefício previdenciário especial no RGPS denominado de auxílio especial mensal aos jogadores, titulares ou reservas das seleções brasileiras campeãs das copas mundiais masculinas da FIFA nos anos de 1958, 1962 e 1970, correndo as despesas à conta do Tesouro Nacional.

O auxílio especial mensal será pago para completar a renda mensal do beneficiário até que seja atingido o valor máximo do salário de benefício do Regime Geral de Previdência Social, podendo ter valor inferior a um salário mínimo.

Considera-se renda mensal 1/12 (um doze avos) do valor total de rendimentos tributáveis, sujeitos a tributação exclusiva ou definitiva, não tributáveis e isentos informados na respectiva Declaração de Ajuste Anual do Imposto sobre a Renda da Pessoa Física.

Caso o jogador não esteja obrigado a apresentar a DIRPF, a renda mensal corresponderá ao valor de 1/12 (um doze avos) do rendimento anual decorrente de trabalho, ainda que informal, e/

ou de benefício recebido do RGPS ou de RPPS, informações de rendimentos constantes no CNIS, bem como de qualquer renda auferida, comprovada conforme "Declaração do Jogador de Futebol".

Havendo mais de um beneficiário na condição de esposa ou companheira (o) e filhos, o valor do auxílio especial mensal corresponderá a 100% (cem por cento) da diferença apurada entre a renda do núcleo familiar e o valor máximo do salário de benefício do RGPS e será rateado em cotas iguais entre todos os beneficiários.

O requerimento do auxílio especial mensal será **indeferido** caso a soma da renda dos beneficiários que se habilitarem ao benefício na condição de esposa, companheira (o) e filhos, seja igual ou superior ao limite máximo do salário de benefício do RGPS, sem prejuízo da apresentação de novo requerimento na hipótese de mudança nas condições que importem no enquadramento da renda do núcleo familiar aos critérios para sua concessão.

Este benefício também será pago à esposa ou companheira e aos filhos menores de 21 (vinte um) anos ou inválidos do beneficiário falecido, desde que a invalidez seja anterior à data em que completaram 21 (vinte um) anos, **na hipótese de falecimento do jogador**.

Caso haja mais de um beneficiário, o valor limite de auxílio *per capita* será o valor máximo do salário de benefício, dividido pelo número de beneficiários, efetivos, ou apenas potenciais devido à renda, considerando-se a renda do núcleo familiar para cumprimento do limite referido.

O auxílio especial mensal para jogador, previsto no art. 37, inciso II, da Lei nº 12.663, de 2012, é devido a partir de 1º de janeiro de 2013, aos jogadores titulares e reservas das seleções brasileiras campeãs das copas mundiais masculinas da Fédération Internationale de Football – FIFA, nos anos de 1958, 1962 e 1970, desde que comprovem estar sem recursos ou com recursos limitados, sendo pago a partir da DER.

Havendo mais de um beneficiário na condição de esposa ou companheira(o) e filhos, o valor do auxílio especial mensal corresponderá a 100% (cem por cento) da diferença apurada entre a renda do núcleo familiar e o valor máximo do salário de benefício do RGPS e será rateado em cotas iguais entre todos os beneficiários.

O requerimento do auxílio especial mensal será indeferido caso a soma da renda dos beneficiários que se habilitarem ao benefício na condição de esposa, companheira (o) e filhos, seja igual ou superior ao limite máximo do salário de benefício do RGPS, sem prejuízo da apresentação de novo requerimento na hipótese de mudança nas condições que importem no enquadramento da renda do núcleo familiar aos critérios para sua concessão, nos termos do artigo 474 da Instrução Normativa INSS 128/2022.

O auxílio especial mensal estará sujeito à incidência de Imposto sobre a Renda, nos termos da legislação específica, mas não ao desconto de contribuição previdenciária, não estando sujeito à consignações derivadas de empréstimos, financiamentos e operações de arrendamento mercantil contratados junto às instituições financeiras e sociedades de arrendamento mercantil, na forma da Lei nº 10.820, de 17 de dezembro de 2003, a teor do artigo 474 da Instrução Normativa INSS 128/2022.

Não será devida ao beneficiário do auxílio especial o pagamento do abono anual, não podendo ser acumulado com o benefício de prestação continuada, nos termos do § 4º do art. 20 da Lei nº 8.742, de 1993, ressalvado o direito de opção pelo mais vantajoso.

NORMATIZAÇÃO DO INSS – INSTRUÇÃO NORMATIVA 128/2022:

Seção II
Do Auxílio Especial Mensal aos Jogadores Titulares e Reservas das Seleções Brasileiras Campeãs das Copas Mundiais – Lei nº 12.663, de 5 de junho de 2012

Art. 470. O auxílio especial mensal para jogador, previsto no art. 37, inciso II, da Lei nº 12.663, de 2012, é devido a partir de 1º de janeiro de 2013, aos jogadores titulares e reservas das seleções brasileiras campeãs das copas mundiais masculinas da Fédération Internationale de Football – FIFA, nos anos de 1958, 1962 e 1970, desde que comprovem estar sem recursos ou com recursos limitados.

Art. 471. No caso de falecimento do jogador, o auxílio especial mensal será pago à esposa ou companheira (o) e aos filhos menores de 21 (vinte um) anos de idade ou inválidos, desde que a invalidez, reconhecida por perícia médica, seja anterior à data em que completaram 21 (vinte um) anos.

Art. 472. Na comprovação do vínculo com o jogador, na condição de esposa, companheira (o) e filhos, será observado, no que couber, as mesmas regras aplicáveis para a caracterização dos dependentes nos demais benefícios do RGPS.

Art. 473. A renda mensal inicial do benefício corresponde à diferença apurada entre a renda mensal do beneficiário e o valor máximo do salário de benefício do RGPS, vigente na data da entrada do requerimento, podendo ter valor mensal inferior ao de um salário mínimo.

§ 1º Para fins do disposto no caput, considera-se renda mensal 1/12 (um doze avos) do valor total de rendimentos tributáveis, sujeitos à tributação exclusiva ou definitiva, não tributáveis e isentos, informados na respectiva Declaração de Ajuste Anual do Imposto sobre a Renda da Pessoa Física – DIRPF.

§ 2º A DIRPF de que trata o § 1º, corresponde a do exercício anterior ao ano do requerimento do auxílio especial mensal, exceto nos casos em que a data de entrada do requerimento do auxílio especial mensal ocorrer após o término do prazo para envio da DIRPF à RFB, hipótese na qual o interessado deverá apresentar a DIRPF relativa ao exercício do ano do requerimento.

§ 3º Caso o jogador não esteja obrigado a apresentar a DIRPF, a renda mensal de que trata o § 1º deste artigo corresponderá ao valor de 1/12 (um doze avos) do rendimento anual decorrente de trabalho, ainda que informal, e/ou de benefício recebido do RGPS ou de RPPS, informações de rendimentos constantes no CNIS, bem como de qualquer renda auferida, comprovada conforme "Declaração do Jogador de Futebol", constante no Anexo XXI.

Art. 474. Havendo mais de um beneficiário na condição de esposa ou companheira (o) e filhos, o valor do auxílio especial mensal corresponderá a 100% (cem por cento) da diferença apurada entre a renda do núcleo familiar e o valor máximo do salário de benefício do RGPS e será rateado em cotas iguais entre todos os beneficiários.

§ 1º Para fins do disposto no caput, considera-se:

I – membros do núcleo familiar: todos os dependentes citados no art. 471, independentemente de sua renda individual ou de coabitação no mesmo lar; e

II – renda do núcleo familiar: 1/12 (um doze avos) da soma dos rendimentos de todos os membros do núcleo familiar.

§ 2º Não será revertida aos demais a cota do dependente cujo direito ao auxílio cessar, inclusive por renúncia do beneficiário.

§ 3º O auxílio de que trata este artigo somente será recalculado quando de houver habilitação posterior que implique inclusão de beneficiário (s) e produzirá efeitos a partir da data do requerimento, considerando-se a renda do novo beneficiário incluído.

§ 4º O requerimento do auxílio especial mensal será indeferido caso a soma da renda dos beneficiários que se habilitarem ao benefício na condição de esposa, companheira (o) e filhos, seja igual ou superior ao limite máximo do salário de benefício do RGPS, sem prejuízo da apresentação de novo requerimento na hipótese de mudança nas condições que importem no enquadramento da renda do núcleo familiar aos critérios para sua concessão.

Art. 475. O requerimento do auxílio especial mensal será solicitado diretamente em qualquer APS, a partir de 1º de janeiro de 2013.

Art. 476. Atendidos os requisitos, o pagamento do auxílio especial mensal será devido a partir da data de entrada do requerimento do interessado no INSS, qualquer que seja a idade do requerente.

Art. 477. A concessão do auxílio especial mensal não será protelada pela falta de habilitação de outros possíveis dependentes.

Art. 478. O auxílio especial mensal estará sujeito à incidência de Imposto sobre a Renda, nos termos da legislação específica, mas não ao desconto de contribuição previdenciária.

Parágrafo único. O auxílio especial mensal não estará sujeito a consignações derivadas de empréstimos, financiamentos e operações de arrendamento mercantil contratados junto à instituições financeiras e sociedades de arrendamento mercantil, na forma da Lei nº 10.820, de 17 de dezembro de 2003.

Art. 479. Não será devida ao beneficiário do auxílio especial o pagamento do abono anual.

Art. 480. O auxílio especial mensal não poderá ser acumulado com o benefício de prestação continuada, nos termos do § 4º do art. 20 da Lei nº 8.742, de 1993, ressalvado o direito de opção pelo mais vantajoso.

§ 1º Se o jogador receber outros benefícios de caráter assistencial ou indenizatório, deverá ser verificada a legislação de cada benefício quanto à possibilidade ou não de acumulação com o benefício de que trata esta Seção.

§ 2º Para apuração do valor do auxílio especial mensal, na hipótese prevista no caput, não será considerado o rendimento decorrente do benefício cessado.

Art. 481. As despesas deste auxílio especial correrão à conta do Tesouro Nacional.

CAPÍTULO 9

PENSÃO ESPECIAL DESTINADA A CRIANÇAS COM MICROCEFALIA E OUTRAS DOENÇAS NEUROLÓGICAS DECORRENTES DO ZIKA VÍRUS: LEI 13.985/2020

A MP 894, de 4/9/2019, criou a pensão especial destinada a **crianças com microcefalia decorrente do Zika Vírus**, nascidas entre 1º de janeiro de 2015 e 31 de dezembro de 2018, beneficiárias do Benefício de Prestação Continuada, de natureza vitalícia, intransferível e no valor de um salário mínimo, não gerando abono anual ou pensão por morte por ser benefício assistencial e não previdenciário.

Por sua vez, a MP 894/2019 foi convertida na **Lei 13.985/2020** com alterações. A pensão especial agora se destina à **Síndrome Congênita do Zika Vírus**, expressão mais ampla que a microcefalia, pois existem outras síndromes oriundas do Zika Vírus que geram o direito ao benefício.

Veja-se informação no site do Ministério da Saúde[1]:

1. https://www.gov.br/saude/pt-br/assuntos/saude-de-a-a-z/s

> ***Síndrome Congênita associada à infecção pelo vírus Zika***
>
> ***A Síndrome Congênita associada à infecção pelo vírus Zika (SCZ)*** *compreende um conjunto de anomalias congênitas que podem incluir alterações visuais, auditivas e neuropsicomotoras que ocorrem em indivíduos (embriões ou fetos) expostos à infecção pelo vírus Zika durante a gestação. Tais alterações podem variar quanto à sua severidade, sendo que quanto mais cedo a infecção ocorre na gestação, mais graves tendem a ser esses sinais e sintomas.*
>
> *A principal forma de transmissão da infecção pelo vírus Zika em mulheres grávidas é através da picada pela fêmea do mosquito Aedes aegypti, mas a transmissão também pode ocorrer através de relação sexual com indivíduos infectados ou através de transfusão sanguínea, a qual apresenta baixo risco devido à triagem de doadores e testes hematológicos.*
>
> *Esta síndrome foi descoberta em 2015, devido à alteração do padrão de ocorrência de microcefalia em nascidos vivos no Brasil. Na época, o evento foi considerado uma Emergência em Saúde Pública de Importância Nacional (ESPIN) e posteriormente Internacional (ESPII). Posteriormente, constatou-se que os casos de microcefalia, que também cursavam com outras anomalias cerebrais e alterações neurológicas, estavam associados à infecção pelo vírus Zika no período gestacional.*

Este benefício veio substituir o BPC/LOAS que havia sido concedido de modo temporário pelo artigo 18 da Lei 13.301/2016, sendo instituída em favor das crianças com Síndrome Congênita do Zika Vírus, nascidas entre 1º de janeiro de 2015 e 31 de dezembro de 2019, beneficiárias do Benefício de Prestação Continuada (BPC) de que trata o art. 20 da Lei nº 8.742, de 7 de dezembro de 1993.

Dessa forma, a lei de regência exige a prévia percepção do BPC/LOAS como pressuposto de sua concessão. A pensão especial será **mensal, vitalícia e intransferível** e terá o valor de **um**

salário mínimo, não podendo ser acumulada com indenizações pagas pela União em razão de decisão judicial sobre os mesmos fatos ou com o BPC de que trata o art. 20 da Lei nº 8.742, de 7 de dezembro de 1993.

A pensão especial será devida a partir do dia posterior à cessação do BPC, não gerando direito a abono anual ou a pensão por morte. De acordo com o INSS, "somente terá direito a pensão especial o requerente que seja beneficiário de BPC/LOAS ativo ou válido na data do requerimento" (Portaria DIRBEN 66, de 30/01/2020).

Posteriormente, a regulação se deu através da **Portaria INSS/DIRBEN 1.745/2024**, que fez o ajuste de data para 21/12/2019:

- *"Art. 1º Ficam disciplinadas as regras e os procedimentos para requerimento e concessão da pensão especial mensal, vitalícia e intransferível destinada às crianças com microcefalia decorrente do vírus Zika, nascidas entre 1º de janeiro de 2015* ***e 31 de dezembro de 2019****, beneficiárias do Benefício de Prestação Continuada previsto na Lei Orgânica de Assistência Social – BPC/LOAS".*

A Portaria PRES/INSS nº 1.745, de 6 de setembro de 2024 teve a redação ajustada pela Portaria PRES/INSS nº 1.791, de 2 de dezembro de 2024, pois não apenas a microcefalia foi protegida:

> *"Ementa: Disciplina sobre pensão especial às crianças com Síndrome Congênita do Zika Vírus, nascidas entre 1º de janeiro de 2015 e 31 de dezembro de 2019, beneficiárias do Benefício de Prestação Continuada previsto na Lei Orgânica de Assistência Social." (NR)*
>
> *"Art. 1º Esta Portaria disciplina, no âmbito do INSS, as regras e os procedimentos para requerimento e concessão da pensão especial mensal, vitalícia e intransferível, destinada às crianças com* ***Síndrome Congênita do Zika Vírus****, nascidas entre 1º de janeiro de 2015 e 31 de dezembro de 2019, beneficiárias do Benefício de Prestação Continuada previsto na Lei Orgânica de Assistência Social BPC/LOAS. (...)"*

> *(NR) "Art. 2º O requerimento da pensão especial de que trata esta Portaria será operacionalizado pelas unidades descentralizadas do INSS, utilizando-se a espécie 60 – "Benefício indenizatório a cargo da União", mediante realização de exame médico-pericial, que avaliará a relação entre a síndrome congênita adquirida e a contaminação pelo vírus Zika".*

Considera-se BPC/LOAS válido quando estiver suspenso ou cessado por não recebimento dos pagamentos, ou outro motivo que permita a reativação do benefício com direito ao recebimento dos valores até a data do requerimento da pensão especial.

Esse ato normativo da autarquia ultrapassa o Princípio da Legalidade. A lei de regência ou a MP que a precedeu não impede que a criança que já recebeu o BPC/LOAS que já cessou tenha o direito acesso à pensão especial ou que, nos casos de direito ao BPC não requerido, seja devida a pensão especial em momento.

O reconhecimento da pensão especial ficará condicionado à desistência de ação judicial que tenha por objeto pedido idêntico sobre o qual versa o processo administrativo, sendo realizado exame pericial por perito médico federal para constatar a relação entre a síndrome congênita adquirida e a contaminação pelo vírus da Zika.

Coube ao Ofício Circular SEI nº 1.369/2020/ME fixar os parâmetros da perícia médica:

> "1. A pensão especial de que trata a Lei nº 13.985, de 7 de abril de 2020, é destinada a crianças com Síndrome Congênita do Zika Vírus, nascidas entre 1º de janeiro de 2015 e 31 de dezembro de 2019. Será mensal, vitalícia e intransferível, e terá o valor de um salário mínimo.
>
> 2. A análise médico pericial visa constatar a relação entre a síndrome congênita adquirida e a infecção pelo Zika Vírus ocorrida durante o período gestacional.

3. O vírus Zika é uma causa de microcefalia e outras complicações neurológicas que, em conjunto, constituem a Síndrome Congênita do Zika Vírus1. Embora a microcefalia congênita seja o achado inicial para o reconhecimento da síndrome, algumas manifestações neurológicas podem ocorrer sem a microcefalia associada e só se tornarem evidentes após o nascimento.

4. A definição de síndrome congênita deve considerar os critérios do Ministério da Saúde, publicados no documento *"Orientações Integradas de Vigilância e Atenção à Saúde no âmbito da Emergência de Saúde Pública de Importância Nacional – Procedimentos para o monitoramento das alterações no crescimento e desenvolvimento a partir da gestação até a primeira infância, relacionadas à infecção pelo vírus Zika e outras etiologias infecciosas dentro da capacidade operacional do SUS"*.

5. Todos os anexos a este ofício constituem fonte de consulta para a análise médico pericial. Os Anexos I a X baseiam-se no documento citado no item 3. Os Anexos XI e XII são os gráficos da Organização Mundial de Saúde com o perímetro cefálico por sexo e idade até os 5 anos.

6. Na avaliação médico pericial para fins de enquadramento técnico na Pensão de que trata a Lei nº 13.985, de 7 de abril de 2020, é necessária a comprovação de contaminação pelo Zika Vírus através do diagnóstico clínico/epidemiológico, visando correlacionar o diagnóstico da infecção e a síndrome congênita adquirida, não se tratando de avaliação da deficiência.

7. Os dados utilizados para avaliação do enquadramento legal deverão ser registrados nos campos disponíveis no sistema".

De acordo com a MP 1.287/2025, foi instituído apoio financeiro à pessoa nascida entre 1º de janeiro de 2015 e 31 de dezembro de 2024, com deficiência decorrente de síndrome

congênita causada pela infecção da genitora pelo vírus Zika durante a gestação, no valor de R$ 60.000,00, que ainda não sofreu regulamentação.

NORMATIZAÇÃO DO INSS – INSTRUÇÃO NORMATIVA 128/2022:

Seção V

Da Pensão Especial destinada a crianças com Síndrome Congênita do Zika Vírus – Lei nº 13.985, de 7 de abril de 2020

Art. 508. É assegurado o direito à pensão especial destinada a crianças com Síndrome Congênita do Zika Vírus, nascidas entre 1º de janeiro de 2015 e 31 de dezembro de 2019, beneficiárias do Benefício de Prestação Continuada (BPC) de que trata o art. 20 da Lei nº 8.742, de 1993, conforme disposto na Medida Provisória nº 894, de 4 de setembro de 2019, convertida na Lei nº 13.985, de 2020.

§ 1º A pensão especial de que trata o caput será mensal, vitalícia e intransferível.

§ 2º A RMI da pensão especial destinada a crianças com Síndrome Congênita do Zika Vírus será no valor de um salário mínimo.

§ 3º A pensão especial não poderá ser acumulada com indenizações pagas pela União em razão de decisão judicial sobre os mesmos fatos ou com o BPC, de que trata o art. 20 da Lei nº 8.742, de 1993.

§ 4º A pensão especial será devida a partir do dia posterior à cessação do BPC ou dos benefícios referidos no § 3º deste artigo, que não poderão ser acumulados com a pensão.

§ 5º A pensão especial destinada a crianças com Síndrome Congênita do Zika Vírus não gera direito ao abono anual previsto no art. 40 da Lei nº 8.213, de 1991, e no art. 120 do RPS.

§ 6º O benefício é vitalício e intransferível, não gerando pensão a qualquer eventual dependente ou resíduo de pagamento a seus familiares.

§ 7º O reconhecimento da pensão especial ficará condicionado à desistência de ação judicial que tenha por objeto pedido idêntico sobre o qual versa o processo administrativo.

Art. 509. A constatação da relação entre a síndrome congênita adquirida e a contaminação pelo Zika Vírus será feita em exame médico pericial realizado por perito médico federal.

Art. 510. No caso de mães de crianças nascidas até 31 de dezembro de 2019, acometidas por sequelas neurológicas decorrentes da Síndrome Congênita do Zika Vírus, o salário-maternidade de que trata o art. 358 será devido por 180 (cento e oitenta) dias.

NORMATIZAÇÃO DO INSS – PORTARIA PRES/INSS Nº 1745 DE 06/09/2024

Art. 1º Esta Portaria disciplina, no âmbito do INSS, as regras e os procedimentos para requerimento e concessão da pensão especial mensal, vitalícia e intransferível, destinada às crianças com Síndrome Congênita do Zika Vírus, nascidas entre 1º de janeiro de 2015 e 31 de dezembro de 2019, beneficiárias do Benefício de Prestação Continuada previsto na Lei Orgânica de Assistência Social – BPC/LOAS. **(Redação do caput do artigo dada pela Portaria PRES/INSS Nº 1791 DE 02/12/2024).**

§ 1º Somente terá direito à pensão especial o requerente que seja beneficiário de BPC/LOAS ativo ou válido na data do requerimento.

§ 2º O BPC/LOAS será considerado válido ainda que esteja suspenso ou cessado por não recebimento dos pagamentos, ou outro motivo que permita a reativação do benefício com direito ao recebimento dos valores até a data do requerimento da pensão especial.

Art. 2º O requerimento da pensão especial de que trata esta Portaria será operacionalizado pelas unidades descentralizadas do INSS, utilizando-se a espécie 60 – "Benefício indenizatório a cargo da União", mediante realização de exame médico-pericial, que avaliará a relação entre a síndrome congênita adquirida e a contaminação pelo vírus Zika. **(Redação do caput do artigo dada pela Portaria PRES/INSS Nº 1791 DE 02/12/2024).**

Parágrafo único. Para obter direito à concessão da pensão especial, o interessado deverá concordar com a cessação do BPC/LOAS, sob pena de indeferimento por impossibilidade de acumulação de benefícios.

Art. 3º A pensão especial não poderá ser acumulada com indenizações pagas pela União obtidas administrativa e judicialmente decorrentes deste mesmo fato gerador ou com o Benefício de Prestação Continuada, de que trata o art. 20 da Lei nº 8.742, de 7 de dezembro de 1993.

Parágrafo único. O reconhecimento da pensão especial ficará condicionado à desistência de ação judicial que tenha por objeto pedido idêntico sobre o qual versa o processo administrativo, sob pena de indeferimento do pedido.

Art. 4º A pensão especial não gera direito ao abono ou à pensão por morte, sendo:

I – devida a partir do dia posterior à cessação dos benefícios dispostos no art. 3º, que não podem ser acumulados com a pensão; e

II – paga no valor equivalente a um salário mínimo.

Art. 5º A operacionalização da pensão especial está disponibilizada para requerimentos realizados a partir de 4 de novembro de 2019.

Art. 6º Fica revogada a Portaria nº 66/DIRBEN/INSS, de 30 de janeiro de 2020, publicada no Diário Oficial da União nº 22, de 31 de janeiro de 2020.

Art. 7º Esta Portaria entra em vigor na data de sua publicação.

ALESSANDRO ANTONIO STEFANUTTO

CAPÍTULO 10

PENSÃO VITALÍCIA: CONTAMINADOS EM GOIÂNIA PELO CÉSIO-137: LEI 9.425/1996

Tivemos em Goiânia, em 1987, o maior acidente radioativo deste país[1]:

> "Em setembro de 1987 aconteceu o acidente com o Césio-137 (137Cs) em Goiânia, capital do Estado de Goiás, Brasil. O manuseio indevido de um aparelho de radioterapia abandonado, onde funcionava o Instituto Goiano de Radioterapia, gerou um acidente que envolveu direta e indiretamente centenas de pessoas.
>
> A fonte, com radioatividade de 50.9 Tbq (1375 Ci) continha cloreto de césio, composto químico de alta solubilidade. O 137Cs, isótopo radioativo artificial do Césio tem comportamento, no ambiente, semelhante ao do potássio e outros metais alcalinos, podendo ser concentrado em animais e plantas. Sua meia-vida física é de cerca de 33 anos.
>
> Com a violação do equipamento, foram espalhados no meio ambiente vários fragmentos de 137Cs, na forma de pó azul brilhante, provocando a contaminação de diversos locais, especificamente naqueles onde houve manipulação

1. https://www.saude.go.gov.br/cesio137goiania.

> do material e para onde foram levadas as várias partes do aparelho de radioterapia.
>
> Por conter chumbo, material de relativo valor financeiro, a fonte foi vendida para um depósito de ferro-velho, cujo dono a repassou a outros dois depósitos, além de distribuir os fragmentos do material radioativo a parentes e amigos que por sua vez os levaram para suas casas".

Por conseguinte, a União editou a Lei 9.425/96, criando uma pensão vitalícia, a título de indenização especial, às vítimas do acidente com a substância radioativa CÉSIO 137, ocorrido em Goiânia, Estado de Goiás, de natureza personalíssima, não sendo transmissível ao cônjuge sobrevivente ou aos herdeiros, em caso de morte do beneficiário.

A pensão será concedida do seguinte modo:

> I – 300 (trezentas) Unidades Fiscais de Referência – UFIR para as vítimas com incapacidade funcional laborativa parcial ou total permanente, resultante do evento;
>
> II – 200 (duzentas) UFIR aos pacientes não abrangidos pelo inciso anterior, irradiados ou contaminados em proporção igual ou superior a 100 (cem) Rads;
>
> III – 150 (cento e cinqüenta) UFIR para as vítimas irradiadas ou contaminadas em doses inferiores a 100 (cem) e equivalentes ou superiores a 50 (cinqüenta) Rads;
>
> IV – 150 (cento e cinqüenta) UFIR para os descendentes de pessoas irradiadas ou contaminadas que vierem a nascer com alguma anomalia em decorrência da exposição comprovada dos genitores ao CÉSIO 137;
>
> V – 150 (cento e cinqüenta) UFIR para os demais pacientes irradiados e/ou contaminados, não abrangidos pelos incisos anteriores, sob controle médico regular pela Fundação Leide das Neves a partir da sua instituição até a data da vigência desta Lei, desde que cadastrados nos grupos de acompanhamento médico I e II da referida entidade.

Após 26/12/1996, o reajuste é feito na mesma época e índices concedidos aos servidores públicos federais. **O valor da URIR em dezembro de 1996 era de R$ 0,88472.**

A comprovação de ser a pessoa vítima do acidente radioativo ocorrido com o CÉSIO 137 e estar enquadrada nos incisos do artigo anterior deverá ser feita por meio de junta médica oficial, a cargo da Fundação Leide das Neves Ferreira, com sede em Goiânia, Estado de Goiás e supervisão do Ministério Público Federal, devendo-se anotar o tipo de sequela que impede o desempenho profissional e/ou o aprendizado de maneira total ou parcial.

Os funcionários da Vigilância Sanitária que, em pleno exercício de suas atividades, foram expostos às radiações do CÉSIO 137 também serão submetidos a exame para comprovação e sua classificação como vítimas do acidente, devendo-se igualmente anotar o tipo de sequela que impede ou limita o desempenho profissional.

Criada pelo Governo do Estado de Goiás através da Lei nº 10.339 de 09-12-1987 que "Autoriza o Poder Executivo a instituir a Fundação Leide das Neves Ferreira e dá outras providências" e instituída pelo Decreto nº 2.897 de 11-02-1988, a Fundação Leide das Neves Ferreira – FUNLEIDE. Em 11-11-1999, por força da Lei nº 13.550, que "Modifica a organização administrativa do Poder Executivo e dá outras providências" a FUNLEIDE foi extinta e suas competências transferidas para a Secretaria Estadual da Saúde, substituída então, pela Superintendência Leide das Neves Ferreira – SULEIDE.

Havendo condenação judicial da União ao pagamento de indenização por responsabilidade civil em decorrência do acidente em questão, o montante da pensão ora instituída será obrigatoriamente deduzido do *quantum* da condenação.

2. https://www.gov.br/receitafederal/pt-br/assuntos/orientacao-tributaria/pagamentos-e-parcelamentos/valor-da-ufir

Por fim, o pagamento da vantagem pecuniária de que trata esta Lei ocorrerá à conta de encargos previdenciários dos Recursos da União sob a supervisão do Ministério da Economia, com a despesa prevista no Orçamento da União.

Eis um ato concessório:

> "PORTARIA Nº 1.849, DE 12 DE SETEMBRO DE 2019 A GERENTE DA DIRETORIA DE ADMINISTRAÇÃO E LOGÍSTICA DO MINISTÉRIO DA ECONOMIA EM GOIÁS E TOCANTINS, no uso da competência que lhe foi atribuída pela Portaria nº 284, de 31/01/2019, publicada no Diário Oficial da União de 01/02/2019, e tendo em vista o que consta no processo nº 10180.100334/2019-83, resolve:
>
> **CONCEDER pensão vitalícia a JANIR SANTOS DE OLIVEIRA VICTOY, CPF nº 436.***.***-00, vítima do acidente com a substância radioativa CÉSIO 137, ocorrido em Goiânia/GO, com fundamento na Lei nº 9.425/96, a partir de 19/03/2019, conforme laudo médico expedido pela Junta Médica Oficial.**
>
> ÁDIMA GOMES SFAIR MEDEIROS".

CAPÍTULO 11

PENSÃO ESPECIAL EM FAVOR DE ÓRFÃOS NA SITUAÇÃO DE CRIME DE FEMINICÍDIO: LEI 14.717/2023

Coube inicialmente à Lei 14.717, de 31.10.2023, em vigor desde a sua publicação ocorrida em 01.11.2023, constituir uma pensão especial de natureza assistencial em favor dos filhos e dependentes menores de 18 (dezoito) anos de idade, **órfãos em razão do crime de feminicídio** tipificado no inciso VI do § 2º do art. 121 do Decreto-Lei nº 2.848, de 7 de dezembro de 1940 (Código Penal):

> *"Art. 121*
>
> *...*
>
> *§ 2º Se o homicídio é cometido:*
>
> *...*
>
> *Pena – reclusão, de doze a trinta anos.*
>
> ***Feminicídio*** *(Incluído pela Lei nº 13.104, de 2015)*
>
> *VI – contra a mulher por razões da condição de sexo feminino: (Incluído pela Lei nº 13.104, de 2015) (Vide Lei 14.717, de 2023)*
>
> *...*
>
> *Pena – reclusão, de doze a trinta anos.*
>
> *§ 2º-A Considera-se que há razões de condição de sexo feminino quando o crime envolve: (Incluído pela Lei nº 13.104, de 2015)*

> *I – violência doméstica e familiar; (Incluído pela Lei nº 13.104, de 2015)*
>
> *II – menosprezo ou discriminação à condição de mulher. (Incluído pela Lei nº 13.104, de 2015)".*

Posteriormente, por força da Lei 14.994/2024 foi constituído tipo autônomo de feminicídio no artigo 121-A do Código Penal:

> *"**Feminicídio** (Incluído pela Lei nº 14.994, de 2024)*
>
> *Art. 121-A. Matar mulher por razões da condição do sexo feminino: (Incluído pela Lei nº 14.994, de 2024)*
>
> *Pena – reclusão, de 20 (vinte) a 40 (quarenta) anos. (Incluído pela Lei nº 14.994, de 2024)*
>
> *§ 1º Considera-se que há razões da condição do sexo feminino quando o crime envolve: (Incluído pela Lei nº 14.994, de 2024)*
>
> *I – violência doméstica e familiar; (Incluído pela Lei nº 14.994, de 2024)*
>
> *II – menosprezo ou discriminação à condição de mulher. (Incluído pela Lei nº 14.994, de 2024)*
>
> *§ 2º A pena do feminicídio é aumentada de 1/3 (um terço) até a metade se o crime é praticado: (Incluído pela Lei nº 14.994, de 2024)*
>
> *I – durante a gestação, nos 3 (três) meses posteriores ao parto ou se a vítima é a mãe ou a responsável por criança, adolescente ou pessoa com deficiência de qualquer idade; (Incluído pela Lei nº 14.994, de 2024)*
>
> *II – contra pessoa menor de 14 (catorze) anos, maior de 60 (sessenta) anos, com deficiência ou portadora de doenças degenerativas que acarretem condição limitante ou de vulnerabilidade física ou mental; (Incluído pela Lei nº 14.994, de 2024)*
>
> *III – na presença física ou virtual de descendente ou de ascendente da vítima; (Incluído pela Lei nº 14.994, de 2024)*
>
> *IV – em descumprimento das medidas protetivas de urgência previstas nos incisos I, II e III do caput do art. 22 da Lei nº*

11.340, de 7 de agosto de 2006 (Lei Maria da Penha); (Incluído pela Lei nº 14.994, de 2024)

V – nas circunstâncias previstas nos incisos III, IV e VIII do § 2º do art. 121 deste Código. (Incluído pela Lei nº 14.994, de 2024)

***Coautoria** (Incluído pela Lei nº 14.994, de 2024)*

§ 3º Comunicam-se ao coautor ou partícipe as circunstâncias pessoais elementares do crime previstas no § 1º deste artigo. (Incluído pela Lei nº 14.994, de 2024)".

De efeito, considera-se **feminicídio** o homicídio praticado contra uma mulher, em razão da sua condição de pessoa do sexo feminino, normalmente ocorrendo no âmbito da violência doméstica.

Considera-se que há **razões da condição do sexo feminino** quando o crime envolve violência doméstica e familiar; ou menosprezo ou discriminação à condição de mulher.

Por se tratar de benefício assistencial, é necessário que haja miserabilidade, sendo adotado o mesmo critério da Lei 8.742/1993: ***"renda familiar mensal per capita seja igual ou inferior a 1/4 (um quarto) do salário mínimo".***

Por certo, as mesmas polêmicas sobre o critério objetivo de miserabilidade adotado na Lei 8.742/93 aqui se farão presentes.

No entanto, o núcleo familiar não foi definido. Creio que deve ser utilizado analogicamente o rol de família constante do artigo 20 da Lei 8.742/93:

"§ 1º Para os efeitos do disposto no caput, a família é composta pelo requerente, o cônjuge ou companheiro, os pais e, na ausência de um deles, a madrasta ou o padrasto, os irmãos solteiros, os filhos e enteados solteiros e os menores tutelados, desde que vivam sob o mesmo teto". (Redação dada pela Lei nº 12.435, de 2011)

O benefício será pago no valor de 1 (um) salário mínimo ao conjunto dos **filhos e dependentes menores de 18 (dezoito) anos**

de idade na data do óbito de mulher vítima de feminicídio. No entanto, a Lei 14.717/2023 não define o rol de dependentes, podendo ser utilizado, por analogia, o artigo 16 da Lei 8.213/91.

Caberá ao Regulamento definir quais são os dependentes menores de 18 anos que, além do filho, farão jus ao benefício assistencial.

O benefício cessará quando o beneficiário completar 18 (dezoito) anos de idade, ou em razão de seu falecimento, e a respectiva cota será reversível aos demais beneficiários.

O benefício será concedido, ainda que provisoriamente, **mesmo sem decisão criminal condenatória**, mediante requerimento, sempre que houver fundados indícios de materialidade do feminicídio, na forma definida em regulamento, vedado ao autor, coautor ou partícipe do crime representar as crianças ou adolescentes para fins de recebimento e administração da pensão especial.

Verificado em processo judicial com trânsito em julgado que não houve o crime de feminicídio, o pagamento do benefício cessará imediatamente, desobrigados os beneficiários do dever de ressarcir os valores recebidos, salvo má-fé.

Assim, se o Tribunal do Júri condenar o marido que matou a esposa por homicídio comum, descaracterizando o feminicídio, a pensão especial deverá ser cessada.

A pensão especial, ressalvado o direito de opção, **não é acumulável** com benefícios previdenciários recebidos do Regime Geral de Previdência Social (RGPS) ou dos regimes próprios de previdência social, nem com pensões ou benefícios do sistema de proteção social dos militares.

A opção pela pensão especial indenizatória pode ser mais favorável ao beneficiário, a exemplo da hipótese de fracionamento da pensão por morte previdenciária.

O benefício não prejudicará os direitos de quem o receber, relativos ao dever de o agressor ou o autor do ato delitivo indenizar a família da vítima.

Será excluído definitivamente do recebimento do benefício a criança ou o adolescente que tiver sido condenado, mediante sentença com trânsito em julgado, pela prática de ato infracional análogo a crime como autor, coautor ou partícipe de feminicídio doloso, ou de **tentativa desse ato**, cometido contra a mulher vítima da violência, **ressalvados os absolutamente incapazes e os inimputáveis**.

A parte final do dispositivo esvaziou o seu conteúdo, pois todos os menores de 18 anos são penalmente inimputáveis. Ademais, se há tentativa, o instituidor estará vivo, não havendo a concessão da referida pensão especial.

O benefício é concedido às crianças e aos adolescentes elegíveis à prestação mensal na data de publicação da Lei 14.717/2023, **inclusive nos casos de feminicídios ocorridos anteriormente, sem efeitos retroativos.**

Caberá ao Regulamento definir se serão pagos os retroativos à data do crime (se posterior à vigência da Lei 14.717/2023), se desde a vigência da Lei 14.717/2023 (se anterior à sua vigência), observada a prescrição quinquenal, ou se apenas a contar da data de entrada do requerimento administrativo.

As suas despesas são classificadas na função orçamentária **Assistência Social** e estarão sujeitas a previsão nas respectivas leis orçamentárias anuais.

O seu pagamento ainda **depende da edição de ato regulamentar**, mas, por certo, será uma atribuição do Instituto Nacional do Seguro Social.

CAPÍTULO 12

BENEFÍCIO CAUTELAR POR ATÉ 6 MESES EM FAVOR DA MULHER VÍTIMA DE VIOLÊNCIA DOMÉSTICA: LEI 11.340/2006

A Lei 11.340/2006 previu a manutenção do vínculo trabalhista por até seis meses quando necessário o afastamento do local de trabalho em favor da mulher em situação de violência doméstica e familiar:

> *"Art. 9º A assistência à mulher em situação de violência doméstica e familiar será prestada em caráter prioritário no Sistema Único de Saúde (SUS) e no Sistema Único de Segurança Pública (Susp), de forma articulada e conforme os princípios e as diretrizes previstos na Lei nº 8.742, de 7 de dezembro de 1993 (Lei Orgânica da Assistência Social), e em outras normas e políticas públicas de proteção, e emergencialmente, quando for o caso. (Redação dada pela Lei nº 14.887, de 2024)*
>
> *§ 1º O juiz determinará, por prazo certo, a inclusão da mulher em situação de violência doméstica e familiar no cadastro de programas assistenciais do governo federal, estadual e municipal.*
>
> *§ 2º O juiz assegurará à mulher em situação de violência doméstica e familiar, para preservar sua integridade física e psicológica:*
>
> *I – acesso prioritário à remoção quando servidora pública, integrante da administração direta ou indireta;*

II – manutenção do vínculo trabalhista, quando necessário o afastamento do local de trabalho, por até seis meses".

Trata-se de um ônus da empresa ou de benefício previdenciário a ser pago pelo INSS? Inexiste regulamentação até o presente momento.

O STJ criou uma nova hipótese de auxílio por incapacidade temporária não prevista na Lei 8.213/91 prevendo que o INSS deve arcar com a subsistência da mulher que tiver de se afastar do trabalho para se proteger de violência doméstica[1]:

DECISÃO

18/09/2019 07:00

Para Sexta Turma, INSS deve arcar com afastamento de mulher ameaçada de violência doméstica

A Sexta Turma do Superior Tribunal de Justiça (STJ) decidiu que o Instituto Nacional do Seguro Social (INSS) deverá arcar com a subsistência da mulher que tiver de se afastar do trabalho para se proteger de violência doméstica. Para o colegiado – que acompanhou o voto do relator, ministro Rogerio Schietti Cruz –, tais situações ofendem a integridade física ou psicológica da vítima e são equiparáveis à enfermidade da segurada, o que justifica o direito ao auxílio-doença, até mesmo porque a Constituição prevê que a assistência social será prestada a quem dela precisar, independentemente de contribuição.

No mesmo julgamento, a turma definiu que o juiz da vara especializada em violência doméstica e familiar – e, na falta deste, o juízo criminal – é competente para julgar o pedido de manutenção do vínculo trabalhista, por até seis meses, em razão de afastamento do trabalho da vítima, conforme previsto no **artigo 9º**, parágrafo 2º, inciso II, da Lei Maria da Penha (Lei 11.340/2006).

1. http://www.stj.jus.br/sites/portalp/Paginas/Comunicacao/Noticias/Para-Sexta-Turma--INSS-deve-arcar-com-afastamento-de-mulher-ameacada-de-violencia-domestica.aspx.

A manutenção do vínculo de emprego é uma das medidas protetivas que o juiz pode tomar em favor da mulher vítima de violência, mas, como destacou o ministro Rogerio Schietti, a lei não determinou a quem cabe o ônus do afastamento – se seria responsabilidade do empregador ou do INSS – nem esclareceu se é um caso de suspensão ou de interrupção do contrato de trabalho.

Natureza jurídica

Schietti explicou que, nos casos de suspensão do contrato – como faltas injustificadas e suspensão disciplinar, por exemplo –, o empregado não recebe salários, e o período de afastamento não é computado como tempo de serviço. Já nos casos de interrupção – férias, licença-maternidade, os primeiros 15 dias do afastamento por doença e outras hipóteses –, o empregado não é obrigado a prestar serviços, porém o período é contado como tempo de serviço e o salário é pago normalmente.

"A natureza jurídica de interrupção do contrato de trabalho é a mais adequada para os casos de afastamento por até seis meses em razão de violência doméstica e familiar, ante a interpretação teleológica da Lei Maria da Penha, que veio concretizar o dever assumido pelo Estado brasileiro de proteção à mulher contra toda forma de violência (artigo 226, parágrafo 8º, da Constituição Federal)", declarou o relator.

Lacuna normativa

Quanto ao ônus da medida protetiva, o magistrado ressaltou que o legislador não incluiu o período de afastamento previsto na Lei Maria da Penha entre as hipóteses de benefícios previdenciários listadas no **artigo 18** da Lei 8.213/1991, o que deixou no desamparo as vítimas de violência. **"A vítima de violência doméstica não pode arcar com danos resultantes da imposição de medida protetiva em seu favor. Ante a omissão legislativa, devemos nos socorrer da aplicação analógica, que é um processo de integração do direito em face da existência de lacuna normativa" – afirmou, justificando a adoção do auxílio-doença. Conforme o entendimento da turma, os primeiros 15 dias de afastamento devem ser pagos diretamente pelo empregador, e os demais, pelo INSS.**

Documentação

O colegiado definiu também que, para comprovar a impossibilidade de comparecer ao local de trabalho, em vez do atestado de saúde, a vítima deverá apresentar o documento de homologação ou a determinação judicial de afastamento em decorrência de violência doméstica. Os ministros estabeleceram ainda que a empregada terá direito ao período aquisitivo de férias, desde o afastamento – que, segundo a própria lei, não será superior a seis meses.

"Em verdade, ainda precisa o Judiciário evoluir na otimização dos princípios e das regras desse novo subsistema jurídico introduzido em nosso ordenamento com a Lei 11.340/2006, vencendo a timidez hermenêutica", disse Schietti.

Competência

O recurso julgado na Sexta Turma foi interposto por uma mulher contra decisão do Tribunal de Justiça de São Paulo (TJSTJ) que não acolheu seu pedido de afastamento do emprego em razão de violência doméstica. O pedido já havia sido negado na primeira instância, que entendeu ser o caso de competência da Justiça do Trabalho.

A vítima alegou que sofria ameaças de morte de seu ex-companheiro e que já havia conseguido o deferimento de algumas medidas protetivas, mas ainda se sentia insegura. Como não havia casa de abrigo em sua cidade, mudou-se e deixou de comparecer ao emprego.

Ao STJ, ela pediu o reconhecimento da competência da Justiça comum para julgar o caso, além da manutenção do vínculo empregatício durante o período em que ficou afastada, com a consequente retificação das faltas anotadas em seu cartão de ponto.

Situação emergencial

Em seu voto, o ministro Schietti ressaltou que o motivo do afastamento em tais situações não decorre de relação de trabalho, mas de situação emergencial prevista na Lei Maria da Penha com o objetivo de garantir a integridade física, psicológica e patrimonial da mulher; por isso, o julgamento cabe à Justiça comum, não à trabalhista.

"No que concerne à competência para apreciação do pedido de imposição da medida de afastamento do local de trabalho, não há dúvidas de que cabe ao juiz que anteriormente reconheceu a necessidade de imposição de medidas protetivas apreciar o pleito", concluiu.

Com o provimento do recurso, o juízo da vara criminal que fixou as medidas protetivas a favor da vítima deverá apreciar seu pedido retroativo de afastamento. Caso reconheça que a mulher tem direito ao afastamento previsto na Lei Maria da Penha, deverá determinar a retificação do ponto e expedir ofício à empresa e ao INSS para que providenciem o pagamento dos dias.

Em razão do sigilo do caso, não foi divulgado o número do recurso:

> *"RECURSO ESPECIAL ---------------------------------- RELATOR: MINISTRO ROGERIO SCHIETTI CRUZ RECORRENTE : M F F ADVOGADOS : DEFENSORIA PÚBLICA DO ESTADO DE SÃO PAULO ANDREA DA SILVA LIMA – DEFENSORA PÚBLICA – SP307009 RECORRIDO : MINISTÉRIO PÚBLICO DO ESTADO DE SÃO PAULO"*

A questão será julgada pelo STF no âmbito do **tema 1370** em sede de repercussão geral (RE 1520468):

> ***"Definições acerca da natureza jurídica previdenciária ou assistencial e da responsabilidade pelo ônus remuneratório decorrente da manutenção do vínculo trabalhista de mulheres vítimas de violência doméstica, quando necessário o afastamento de seu local de trabalho em razão da implementação de medidas protetivas por aplicação do art. 9º, § 2º, II, da Lei Maria da Penha (Lei nº 11.340/2006). Consequentemente, análise da competência do juízo estadual, no exercício da jurisdição penal, para a fixação da medida protetiva disposta no art. 9º, § 2º, II, da Lei nº 11.340/2006, inclusive no que concerne à determinação eventualmente dirigida ao INSS para que garanta o afastamento remunerado".***

Eis o caso concreto conforme relatado no Recurso Extraordinário da lavra do INSS:

> *"Trata-se de mandado de segurança em face de decisão do Juízo de Direito da 2ª Vara Criminal de Toledo/PR, que,*

nos autos de Medidas Protetivas de Urgência nº 0011810-57.2022.8.16.0170, determinou a concessão de auxílio-doença à segurada ELIANE APARECIDA CAMPANHOLI nos seguintes termos: 4. OFICIE-SE o Instituto Nacional de Seguridade Social – INSS, requisitando que garanta à empregada ELIANE APARECIDA CAMPANHOLI, que possui vínculo trabalhista ativo com a empregadora Primato Cooperativa Agroindustrial (CNPJ 02.168.202/0017-30), o afastamento de suas atividades laborais desde 09/11/2022, por no mínimo 03 remunerado meses, sem prejuízo da possibilidade de prorrogação deste prazo. A requisição é embasada na necessidade de afastamento da empregada de seu local de trabalho em decorrência de violência doméstica e familiar, nos termos do art. 9, §2, da Lei 11.340/06, ensejando o dever estatal que a vítima seja assistida pela assistência social. A empresa empregadora já foi advertida do seu dever de manutenção do vínculo trabalhista e do ônus de pagamento dos primeiros 15 (quinze) dias de afastamento, ao passo em que o período subsequente deverá ser suportado pelo INSS, garantindo à assistida remuneração equânime ao seu salário. O INSS poderá exigir da empregada a submissão a perícia para fim de atestar a incapacidade laborativa. O cumprimento desta ordem judicial deverá ser comunicado para o juízo no prazo máximo de 5 (cinco) dias, sob pena de responsabilização dos prepostos da autarquia".

CAPÍTULO 13

PENSÃO ESPECIAL AOS EX-INTEGRANTES DO BATALHÃO SUEZ: LEI 14.765/2023

Coube à Lei 14.765, de 22/12/2023, assegurar o pagamento de **pensão especial vitalícia**, no valor de **2 (dois) salários mínimos mensais**, aos ex-integrantes da tropa brasileira conhecida como **Batalhão Suez**, que tomaram parte na Força Internacional de Emergência instituída em consequência da Resolução da Assembleia Geral das Nações Unidas, de 7 de novembro de 1956, com o objetivo de manter a paz e a segurança internacional na região compreendida entre o Canal de Suez e a linha de Armistício entre Israel e o Egito fixada na mesma Resolução, recrutados nos termos da Lei nº 2.953, de 17 de novembro de 1956, e do Decreto Legislativo nº 61, de 22 de novembro de 1956.

Ficaram conhecidos como os **"Boinas Azuis da ONU"**. Veja-se o Decreto Legislativo nº 61, de 22 de novembro de 1956:

> "Art. 1º É o Presidente da República autorizado a tomar as medidas necessárias para que o Brasil contribua com um **contingente militar do valor de um batalhão independente**, para a formação ou integração da Fôrça Internacional de Emergência instituída em conseqüência da Resolução da Assembléia Geral das Nações Unidas, de 7 de

novembro de 1956, **com o objetivo de manter a paz e a segurança internacional na região compreendida entre o canal de Suez e a linha de Armistício entre Israel e o Egito fixada na mesma Resolução.**

Art. 2º O contingente brasileiro que integrar a Fôrça Internacional de Emergência, em operação no Egito, não participará de qualquer ação que signifique a homologação de conquista territorial obtida com uso da fôrça e permanecerá o tempo que fôr julgado necessário ao cumprimento de sua missão.

Art. 3º O Brasil não formará ou integrará Fôrça Internacional de Emergência se da mesma participarem tropas de qualquer das nações envolvidas nas operações militares do Egito.

Art. 4º O Govêrno Brasileiro não determinará medidas de restrição à liberdade de opinião, relacionados com as informações e comentários de imprensa e rádio, em torno do contingente militar que se incorporar à Fôrça Internacional de Emergência.

Art. 5º É também autorizado o Presidente da República a permitir o trânsito, pelo território nacional, de contingentes militares integrantes da Fôrça Internacional de Emergência, que se destinem a região a que se refere o artigo 1º, em cumprimento de deliberação da Organização das Nações Unidas, ou que dali regressem, depois de executá-la".

Somente faz jus ao benefício o ex-integrante que comprove **renda mensal não superior a 2 (dois) salários mínimos ou que não possua meios para prover a sua subsistência e a de sua família**, de modo a se enquadrar como benefício assistencial, **inexistindo previsão de transmissão do benefício ao dependente do ex-combatente.**

A comprovação da efetiva prestação dos serviços militares, inclusive mediante justificação administrativa ou judicial, somente produzirá efeito quando baseada em **início de prova material**, não admitida prova exclusivamente testemunhal, e deverá ser feita perante órgão competente do Ministério da Previdência Social.

Caberá à Defensoria Pública da União, por solicitação do interessado, quando necessitado, promover a justificação judicial, ficando o solicitante isento de quaisquer custas judiciais ou outras despesas, com prazo para julgamento da justificação de 15 (quinze) dias.

Por certo, uma declaração da Forças Armadas atestando a participação do requerente no referido Batalhão será uma prova plena.

A comprovação da carência do interessado será feita com a apresentação de atestado fornecido por órgão oficial. Os pedidos de concessão do benefício, devidamente instruídos, serão processados e julgados no prazo de 45 (quarenta e cinco) dias, sob pena de responsabilidade. Os pagamentos de pensão especial iniciar-se-ão no prazo máximo de 30 (trinta) dias após o reconhecimento do direito.

O valor da pensão especial será reajustado sempre no mês de janeiro, de acordo com a variação anual do Índice Nacional de Preços ao Consumidor (INPC) ou do índice que reajusta as aposentadorias do Instituto Nacional do Seguro Social (INSS).

O beneficiário da pensão faz jus ao recebimento do décimo terceiro salário em valor idêntico ao da remuneração do mês de dezembro, sendo que as despesas decorrentes correrão à conta do programa orçamentário Indenizações e Pensões Especiais de Responsabilidade da União.

O órgão previdenciário encarregado do pagamento da pensão (possivelmente o INSS) deverá firmar convênios com outros órgãos públicos federais, estaduais ou municipais, a fim de facilitar, o quanto possível, o recebimento mensal das respectivas pensões.

A Norma é omissa sobre a data de início do benefício, se pago a contar da sua vigência ou da data de entrada do requerimento administrativo, cabendo ao Regulamento suprir esta omissão.

Estes veteranos mantém um site não oficial do Governo: **https://batalhaosuez.com.br/antigo/integrantes_e_contingentes.htm**.

Enquanto não editada a regulamentação via decreto presidencial, já existem ações judiciais. Por isso a União já indicou que **cabe ao INSS gerir este benefício**:

> *"PORTARIA MPS Nº 653, DE 18 DE MARÇO DE 2025*
>
> *Dispõe sobre o cumprimento de decisões judiciais que determinem a implantação do benefício previsto na Lei nº 14.765, de 22 de dezembro de 2023, que concede pensão especial aos ex-integrantes do Batalhão Suez.*
>
> *O MINISTRO DE ESTADO DA PREVIDÊNCIA SOCIAL, no uso das atribuições que lhe conferem o art. 87, parágrafo único, incisos I e II, da Constituição Federal e tendo em vista o disposto no art. 8º da Lei nº 14.765, de 22 de dezembro de 2023, que concede pensão especial ao ex-integrante do Batalhão Suez, e demais informações constante no Processo nº 10128.012434/2025-36, resolve:*
>
> *Art. 1º* ***O Instituto Nacional do Seguro Social – INSS*** *é o órgão competente para o cumprimento das decisões judiciais que determinem a implantação da pensão especial vitalícia e indenizatória, no valor de dois salários mínimos mensais, aos ex-integrantes da tropa brasileira conhecida como* ***Batalhão Suez****, que tomaram parte na Força Internacional de Emergência instituída em consequência da Resolução da Assembleia Geral das Nações Unidas, de 7 de novembro de 1956, com o objetivo de manter a paz e a segurança internacional na região compreendida entre o Canal de Suez e a linha de Armistício entre Israel e o Egito fixada na mesma Resolução, recrutados nos termos da Lei nº 2.953, de 17 de*

novembro de 1956, e do Decreto Legislativo nº 61, de 22 de novembro de 1956.

Art. 2º As despesas da pensão especial correrão à conta do programa ***orçamentário Indenizações e Pensões Especiais de Responsabilidade da União, no âmbito da UO 33201 - Instituto Nacional do Seguro Social (INSS), na ação "0536 - Benefícios de Legislação Especial"****, conforme alocação de dotação orçamentária realizada pelo Ministério do Planejamento e Orçamento.*

Art. 3º Esta Portaria entra em vigor na data da sua publicação.

CARLOS ROBERTO LUPI"

CAPÍTULO 14

COMPLEMENTAÇÃO DAS APOSENTADORIAS DOS FERROVIÁRIOS PAGA PELA UNIÃO: LEI 8.186/1991

De acordo com o artigo 1º, da Lei 8.186/91, é garantida a complementação da aposentadoria paga na forma da Lei Orgânica da Previdência Social (LOPS) aos ferroviários admitidos até 31 de outubro de 1969, na extinta Rede Ferroviária Federal S.A. (RFFSA)[1], constituída *ex vi* da Lei n° 3.115, de 16 de março de 1957, suas estradas de ferro, unidades operacionais e subsidiárias.

Com efeito, a complementação da aposentadoria devida pela União é constituída pela diferença entre o valor da aposentadoria paga pelo Instituto Nacional do Seguro Social (INSS) e o da remuneração do cargo correspondente ao do pessoal em atividade na RFFSA e suas subsidiárias, com a respectiva gratificação adicional por tempo de serviço.

---

1. A REDE FERROVIÁRIA FEDERAL SOCIEDADE ANÔNIMA – RFFSA – era uma sociedade de economia mista integrante da Administração Indireta do Governo Federal, vinculada funcionalmente ao Ministério dos Transportes.
A RFFSA foi extinta, mediante a Medida Provisória nº 353, de 22 de janeiro de 2007, estabelecida pelo Decreto Nº 6.018 de 22/01/2007, sancionado pela Lei Nº 11.483.

No entanto, a aludida complementação não abarca verbas transitórias, a exemplo do adicional de periculosidade. Veja-se o STJ (Informativo 599):

PROCESSO	**REsp 1.643.409-RJ, Rel. Min. Herman Benjamin, por unanimidade, julgado em 16/2/2017, DJe 7/3/2017.**
RAMO DO DIREITO	DIREITO PREVIDENCIÁRIO
TEMA	Impossibilidade de ferroviário aposentado (RFFSA) receber como complementação de aposentadoria adicional de periculosidade. Vantagem pecuniária de caráter transitório.
DESTAQUE	
O adicional de periculosidade não deve integrar a complementação dos proventos de aposentadoria percebida por ex-ferroviário.	
INFORMAÇÕES DO INTEIRO TEOR	
O ponto nodal da controvérsia cinge-se a definir se a complementação de aposentadoria deve ser paga conforme a remuneração do trabalhador ocupante de atividade do mesmo cargo ou, mais especificamente, se o adicional de periculosidade deve integrar a complementação dos proventos de aposentadoria percebida por ex-ferroviário. Como se depreende da interpretação literal do art. 2º da Lei n. 8.186/1991, "a complementação de aposentadoria devida pela União é constituída pela diferença entre o valor da aposentadoria paga pelo Instituto Nacional do Seguro Nacional (INSS) e o da remuneração do cargo correspondente ao do pessoal em atividade na RFFSA e suas subsidiárias, com a respectiva gratificação adicional por tempo de serviço". Contudo, no caso *sub judice*, a interpretação literal não deve ser levada em consideração isoladamente, sob o grave risco de provocar a criação de norma jurídica que contrarie o ordenamento jurídico. Portanto, outras modalidades interpretativas devem ser observadas, como a teleológica e a sistemática. Nesse caminho, como exposto em antigo precedente deste STJ, REsp 576.446-PB: "O adicional de periculosidade possui pressuposto vinculado ao tipo de função e seu exercício, constituindo vantagem de caráter transitório, que cessa com a	

> eliminação das condições ou dos riscos que deram causa à sua concessão. **E por ser vantagem pecuniária de caráter transitório, não deve integrar os proventos de aposentadoria."**

De acordo com a TNU, "a complementação da aposentadoria ou pensão devida pela União por força da Lei n. 8.186/91 aos ferroviários vinculados à extinta Rede Ferroviária Federal S.A. - RFFSA à época da inatividade terá como referência os valores previstos no plano de cargos e salários daquela sociedade de economia mista aplicados aos empregados cujos contratos de trabalho foram transferidos para quadro de pessoal especial da VALEC - Engenharia, Construções e Ferrovias S.A., nos termos do art. 118 da Lei n. 10.233/01" (Informativo 22/2017 - Processo n. 0521440-57.2014.4.05.8300).

Posteriormente, com base na Lei 10.478/02, ficou estendido, a partir do 1º de abril de 2002, aos ferroviários admitidos até 21 de maio de 1991 pela Rede Ferroviária Federal S.A. - RFFSA, em liquidação, constituída *ex vi* da Lei nº 3.115, de 16 de março de 1957, suas estradas de ferro, unidades operacionais e subsidiárias, o direito à complementação de aposentadoria na forma do disposto na Lei nº 8.186, de 21 de maio de 1991.

Demais disso, "a jurisprudência do STJ firmou-se no sentido de que, nos termos do que estabelece o art. 118 da Lei n. 10.233/01, com redação dada pela Lei n. 11.483/07, a paridade de remuneração é regida pelo plano de cargos e salários próprio dos empregados da extinta RFFSA, sucedida pela VALEC - Engenharia, Construções e Ferrovias S.A, **inexistindo amparo legal à equiparação com a remuneração dos empregados da própria CBTU**. Neste sentido, são os seguintes precedentes: AgInt no REsp n. 1.685.536/PE, relator Ministro Francisco Falcão, Segunda Turma, julgado em 14/8/2018, DJe de 20/8/2018; AgInt no REsp

n. 1.969.845/MG, relator Ministro Benedito Gonçalves, Primeira Turma, julgado em 9/5/2022, DJe de 12/5/2022; AgInt no PUIL n. 1.097/PE, relator Ministro Francisco Falcão, Primeira Seção, julgado em 15/12/2020, DJe de 18/12/2020; AgInt no REsp n. 1.486.120/PE, relator Ministro Gurgel de Faria, Primeira Turma, julgado em 14/10/2019, DJe 17/10/2019; AgInt no AgInt no REsp n. 1.471.403/PE, relator Ministro Mauro Campbell Marques, Segunda Turma, DJe 14/8/2018".

Por seu turno, os segurados que ao desvincularem da Rede Ferroviária Federal S.A – RFFSA, e reingressarem no RGPS como empregados de outra empresa, contribuinte individual ou facultativo, entre outros, tem direito à complementação da Lei nº 8.186, de 21 de maio de 1991 ou da Lei nº 10.478 de 28 de junho de 2002, desde que tenham implementado todas as condições exigidas à concessão do benefício na data do desligamento da RFFSA, conforme o disposto na Súmula do STF nº 359, de 13 de dezembro de 1963[2].

Nos termos do artigo 463 da Instrução Normativa INSS 128/2022, para efeito de concessão dos benefícios de ex-ferroviários admitidos até 21 de maio de 1991 pela Rede Ferroviária Federal S/A – RFFSA, serão considerados:

> I – ferroviários optantes: os servidores do extinto Departamento Nacional de Estradas de Ferro que, mediante opção, foram integrados nos quadros de pessoal da RFFSA, sob submissão da CLT, mantida a filiação à Previdência Social Urbana; e
>
> II – ferroviários não optantes:
>
> a) os servidores públicos ou autárquicos, aposentados, que não puderam se valer do direito de opção;

2. Artigo 467, da Instrução Normativa INSS 128/2022.

b) os servidores públicos ou autárquicos, em atividade, que não optaram pelo regime da CLT; e

c) os servidores públicos ou autárquicos, que se encontram em disponibilidade.

A TNU firmou a tese de que, para fins de complementação de aposentadoria, o conceito de "ferroviário" previsto no art. 4° da Lei n. 8.186/91 somente contempla o funcionário que, na data imediatamente anterior ao início da aposentadoria, compunha os quadros da RFFSA, suas estradas de ferro, unidades operacionais e subsidiárias. O funcionário da RFFSA ou de suas subsidiárias que no momento da aposentadoria havia sido transferido, em regime de sucessão trabalhista, para outras empresas privadas prestadoras do serviço de transporte ferroviário, não se enquadra no aludido conceito de "ferroviário", não fazendo jus, assim, ao benefício (Informativo 26/2018 - PEDILEF n. 5000213-47.2016.4.04.7101).

Outrossim, "a TNU firmou a tese de que a complementação da aposentadoria ou pensão devida pela União por força da Lei n. 8.186/91 aos ferroviários vinculados à extinta Rede Ferroviária Federal S.A. - RFFSA à época da inatividade terá como referência os valores previstos no plano de cargos e salários daquela sociedade de economia mista aplicados aos empregados cujos contratos de trabalho foram transferidos para quadro de pessoal especial da VALEC - Engenharia, Construções e Ferrovias S.A., nos termos do art. 118 da Lei n. 10.233/01". (Boletim em 13.12.2017 - Processo n. 0521440-57.2014.4.05.8300)

Suponha-se que um ferroviário da Rede Ferroviária Nacional, que foi admitido até 21 de maio de 1991, receba uma remuneração mensal de R$ 5.000,00 na data da sua aposentadoria, optando em não mais permanecer em atividade.

Neste caso, se a aposentadoria a ser paga pelo INSS for supostamente de R$ 3.000,00, após os cálculos de praxe, a União deverá pagar um complemento de R$ 2.000,00.

Assim, considere-se que posteriormente o aposentado descobriu que tem direito a uma revisão do benefício pago pelo INSS, logrando êxito no seu pedido na via administrativa ou judicial, sendo elevado para R$ 3.400,00.

Neste caso, o complemento da União será reduzido de R$ 2.000,00 para R$ 1.600,00, razão pela qual o aposentado não terá nenhum ganho econômico, mas apenas a União, que reduziu a sua complementação.

Logo, conquanto existam bons argumentos contrários, entende-se que o ferroviário aposentado não tem interesse-utilidade de agir, pois não haverá majoração da renda mensal inicial do seu benefício.

Nesse sentido, o posicionamento do TRF da 2ª Região:

> "PREVIDENCIÁRIO. PENSÃO DE EX-SERVIDOR DA RFFSA. PARIDADE DE PROVENTOS. ART. 75 DA LEI Nº 8.213/91. MAJORAÇÃO DA COTA DE PENSÃO. **FALTA DE INTERESSE PROCESSUAL**. 1 – Referida complementação foi instituída através do Decreto-Lei nº 956/69, objetivando a manutenção de todos os direitos e vantagens dos servidores das ferrovias de propriedade da União que passaram a integrar a RFFSA, quando da constituição desta (art. 15, Lei nº 3.115/57), igualando-se, para tanto, o valor do benefício destes funcionários aos proventos a que teriam direito os ferroviários, se aposentados estatutariamente. 2 – **Dessa forma, conquanto tenham parte de seus proventos calculada conforme o Regime Geral da Previdência Social, recebem os ex-ferroviários, e os titulares de suas pensões, complemento que lhes assegura montante remuneratório equivalente aos paradigmas em atividade, de**

> **sorte que eventual equívoco na cota-parte da autarquia não lhes acarreta qualquer prejuízo, na medida em que o ente federativo terá de arcar com parcela maior para alcançar a paridade legal.** 3 – Inobstante, releva consignar a ausência de proveito quanto ao provimento jurisdicional invocado, eis que eventual incorreção no cálculo da parcela previdenciária somente aproveitaria à União Federal, sucessora da Sociedade de Economia Mista, em decorrência da diminuição de sua cota-parte, podendo-se inferir, destarte, que o segurado que recebe complementação da RFFSA somente tem interesse jurídico para contestar o valor global de seus proventos, o que não é o caso posto nestes autos. 4 – Apelação desprovida" (AC 336.190, 16.06.2005).

Vale também colacionar precedente da TNU que indeferiu a revisão:

> "PREVIDENCIÁRIO – FERROVIÁRIO – COMPLEMENTAÇÃO DA APOSENTADORIA PAGA PELA UNIÃO – REVISIONAL – IMPROVIMENTO FACE À INOCUIDADE DE EVENTUAL REAJUSTE DO BENEFÍCIO.
>
> I – Acórdão que indeferiu o pedido de reajuste da aposentadoria percebida do INSS pelo autor, ex-ferroviário, uma vez que o mesmo recebe complementação do benefício paga pela União.
>
> **II – A complementação de aposentadoria paga pela União tem por fim tornar seu valor igual ao percebido pelo pessoal da ativa, razão pela qual seria inócuo o deferimento dos reajustes pleiteados no benefício do autor.**
>
> II – Pedido de uniformização conhecido e improvido" (PEDILEF 200472950065997, de 27.01.2006).

Outrossim, por respeito ao Princípio da Contraditório e da Ampla Defesa, além do claro interesse na causa, devem ser citadas a União e a Rede Ferroviária Federal S.A, conforme entendimento do TRF da 1ª Região[3], ressaltando que a União sucederá a extinta RFFSA nos direitos, obrigações e ações judiciais em que esta seja autora, ré, assistente, opoente ou terceira interessada[4].

Na verdade, quem tem interesse de agir é a União, que com o aumento do benefício pago pelo INSS irá reduzir a sua complementação.

Vale ressaltar que também há o complemento da pensão por morte decorrente da aposentadoria do ferroviário.

De acordo com o artigo 5º da Lei 8.186/91, a complementação da pensão de beneficiário do ferroviário é igualmente devida pela União e continuará a ser paga pelo INSS, observadas as normas de concessão de benefícios da Lei Previdenciária o **reajuste paritário com os ativos.**

Nesse sentido, o STJ:

> **PROCESSO**
>
> AgInt no REsp 1662925 / RJ
>
> AGRAVO INTERNO NO RECURSO ESPECIAL
>
> 2017/0065276-9
>
> **RELATOR**
>
> Ministro FRANCISCO FALCÃO (1116)
>
> **ÓRGÃO JULGADOR**
>
> T2 – SEGUNDA TURMA
>
> **DATA DO JULGAMENTO**
>
> 01/03/2018
>
> **DATA DA PUBLICAÇÃO/FONTE**
>
> DJe 06/03/2018

---

3. AC 2000.38.01.003782-3, de 26.08.2008.
4. Artigo 2º, inciso I, da Lei 11.483/07.

EMENTA

ADMINISTRATIVO. COMPLEMENTAÇÃO DE APOSENTADORIA. ACÓRDÃO EM CONSONÂNCIA COM A JURISPRUDÊNCIA DO STJ. RECURSO ESPECIAL QUE NÃO ATACA FUNDAMENTO DO ACÓRDÃO RECORRIDO SUFICIENTE PARA MANTER A DECISÃO. INCIDÊNCIA, POR ANALOGIA, DO ENUNCIADO N. 283 DA SÚMULA DO STF.

I – A complementação da aposentadoria pretendida pelo demandante está prevista na Lei nº 8.186/91, que atribuiu à União Federal a complementação da aposentadoria dos ferroviários por determinação expressa de seu artigo 5º, igualmente estabelecendo que continuará a ser paga pelo INSS, contemplando todos os ferroviários admitidos até 31 de outubro de 1969 e os regidos pela Lei 6.184/74, e pelo Decreto-Lei n° 5/66, conforme dispõem os arts. 1º, 2 º e 3º da supracitada norma legal.

II – Nesse contexto, as parcelas de responsabilidade da Previdência Social são reajustadas pelos índices oficiais, nos termos da legislação previdenciária, **porém, o reajustamento da parcela referente à complementação do valor da aposentadoria, obedecerá aos mesmos prazos e condições em que for reajustada a remuneração do ferroviário em atividade, nos termos do art. 2º, parágrafo único, da Lei 8.186/91.**

III – O direito à complementação à aposentadoria/pensão, na medida em que determina a observância das disposições do parágrafo único do art. 2º da Lei nº 8.186/91, **o qual de sua parte garante a permanente igualdade de valores entre ativos e inativos, foi reconhecido em sede de recurso representativo da controvérsia na Primeira Seção do Superior Tribunal de Justiça no REsp 1.211.676.**

IV – Do que se conclui que não há se falar em violação aos artigos da Lei nº 8.186/91, tendo em vista que sob tal fundamento, o acórdão recorrido conclui que, in verbis (fls. 183):

> Posteriormente, foi publicada a Lei 8.186, em 21.05.91, a qual, expressamente, estendeu a complementação da aposentadoria aos ferroviários admitidos até 31.10.69 na Rede Ferroviária Federal, inclusive para os optantes pelo regime celetista, nos seguintes termos: [...] Tal entendimento está em consonância com a jurisprudência do Superior Tribunal de JustiçaAgRg no REsp 1575517/CE, Relator Ministro Herman Benjamin, julgamento em 19/04/2016, DJe 27/05/2016; AgRg no REsp 734.675/PE, Rel. Ministro NEFI CORDEIRO, SEXTA TURMA, julgado em 19/08/2014, DJe 02/09/2014.
>
> V – Ademais, o reexame do acórdão recorrido, em confronto com as razões do recurso especial, revela que o fundamento apresentado naquele julgado, acerca do fato de que o "Decreto-Lei nº 956/69 não restringiu o direito à complementação aos estatutários, referindo-se aos servidores públicos autárquicos federais ou em regime especial", utilizado de forma suficiente para manter a decisão proferida no Tribunal a quo, não foi rebatido no apelo nobre, o que atrai os óbices das Súmulas n. 283 e 284, ambas do STF.
>
> VI – Agravo interno improvido.

Note-se que se cuida de **regra especial** e que o complemento de pensão por morte observará o artigo 2º, ou seja, será do mesmo valor da complementação da aposentadoria do ferroviário, **não estando vinculada à regra da pensão por morte comum pela Previdência Social Urbana ou pelo RGPS, regime sucessor.**

Veja-se o artigo 464 da IN INSS 128/2022:

> *"Art. 464. A concessão de benefícios aos ferroviários optantes, bem como aos seus dependentes, será regida pelas normas estabelecidas para os segurados em geral.*
>
> *§ 1º É devida a complementação, na forma da Lei nº 8.186, de 21 de maio de 1991, às aposentadorias dos ferroviários e respectivos dependentes, admitidos até 31 de outubro de*

1969 na RFFSA ou nas respectivas estradas de ferro, nas unidades operacionais e nas subsidiárias a ela pertencentes, que detinham a condição de ferroviário na data imediatamente anterior à data do início da aposentadoria.

§ 2º Por força da Lei nº 10.478, de 28 de junho de 2002, foi estendido a partir de 1º de abril de 2002, o direito à complementação de aposentadoria, na forma da Lei nº 8.186, de 1991, aos ferroviários admitidos até 21 de maio de 1991 pela RFFSA.

§ 3º A complementação da aposentadoria devida pela União é constituída pela diferença entre o valor da aposentadoria paga pelo INSS e o da remuneração do cargo correspondente ao do pessoal em atividade na RFFSA e suas subsidiárias, com a respectiva gratificação adicional por tempo de serviço.

~~§ 4º O valor da complementação da pensão por morte paga a dependente do ferroviário será apurado observando-se o mesmo coeficiente de cálculo utilizado na apuração da renda mensal da pensão.~~

§ 5º Em nenhuma hipótese o benefício previdenciário complementado poderá ser pago cumulativamente com as pensões especiais previstas nas Leis nº 3.738, de 4 de abril de 1960, e nº 6.782, de 19 de maio de 1980, ou quaisquer outros benefícios pagos pelo Tesouro Nacional, nos termos do parágrafo único do art. 5º da Lei nº 8.186, de 1991".

Dessa forma, **é forçoso concluir que o § 4º do artigo 464 da IN 128/2022 afrontava o artigo 5º da Lei 8.186/91, sendo esta a posição firmada pela 1ª Seção do C. STJ no julgamento do tema repetitivo 473:**

Tema Repetitivo 473

Situação

Trânsito em Julgado

Órgão julgador

PRIMEIRA SEÇÃO

Ramo do direito

DIREITO PREVIDENCIÁRIO

Questão submetida a julgamento

Questiona se a complementação de aposentadoria ou pensão de ex-ferroviário deveria, em razão do princípio tempus regit actum, observar a legislação previdenciária aplicável à concessão do benefício – art. 41 do Decreto 83.080/79, que estabelecia que a importância da pensão devida ao conjunto dos dependentes do segurado seria constituída de uma parcela familiar, igual a 50% do valor da aposentadoria que o segurado percebida ou daquela a que teria direito se na data do seu falecimento fosse aposentado, e mais tantas parcelas de 10% para cada dependente segurado, até o máximo de 5 (cinco) parcelas.

Tese Firmada

O art. 5º da Lei 8.186/91 assegura o direito à complementação à pensão, na medida em que determina a observância das disposições do parágrafo único do art. 2º da citada norma, o qual, de sua parte, garante a permanente igualdade de valores entre ativos e inativos.

Anotações NUGEPNAC

RRC de Origem (art. 543-C, § 1º, do CPC/73).

1. O ex-ferroviário tem direito à complementação dos proventos, bem como os seus dependentes à complementação de pensão, conforme dispõe o art. 2º da Lei 8.186/1991, garantindo a igualdade de valores ente ativos e inativos.

2. A Suprema Corte não tem conhecido dos recursos interpostos em ações análogas aos autos, acerca da complementação da pensão aos beneficiários de ex-ferroviários da extinta RFFSA, por considerar que a ofensa à Constituição, se existente, seria reflexa.

Informações Complementares

"O caso concreto não corresponde aos julgados apreciados pelo Supremo Tribunal Federal nos RE 415.454/SC e RE 416.827/SC, ou no RE 606.449-EDcl, ou, ainda, naquele proferido, com repercussão geral, na Questão de Ordem no RE 597.389/SP, porquanto em todos eles, o STF decidiu apenas sob o enfoque da indevida majoração das pensões previdenciárias, sob responsabilidade do INSS, concedidas antes da edição da Lei 9.032/95, tema que não figurou na inicial dos presentes autos, que almeja apenas a complementação da pensão a cargo da União por força da Lei 8.186/91."

REsp 1211676/RN

Tribunal de Origem

TRF5

RRC

Sim

Relator

ARNALDO ESTEVES LIMA

Embargos de Declaração

17/12/2013

Afetação

12/11/2010

Julgado em

08/08/2012

Trânsito em Julgado

05/03/2014

Acórdão publicado em

17/08/2012

A tese segue sendo aplicada pelo STJ, estando consolidada:

PROCESSO

EDcl no REsp 1814300 / RJ

EMBARGOS DE DECLARAÇÃO NO RECURSO ESPECIAL

2019/0087975-9

RELATOR

Ministro HERMAN BENJAMIN (1132)

ÓRGÃO JULGADOR

T2 – SEGUNDA TURMA

DATA DO JULGAMENTO

18/02/2020

DATA DA PUBLICAÇÃO/FONTE

DJe 18/05/2020

EMENTA

PROCESSUAL CIVIL. EMBARGOS DE DECLARAÇÃO. ART. 1.022 DO CPC/2015. VÍCIO INEXISTENTE. REDISCUSSÃO DA CONTROVÉRSIA. IMPOSSIBILIDADE.

1. Nos presentes Embargos de Declaração, a União afirma que o acórdão foi omisso quanto a alegação da União de que o autor não tem direito ao benefício de complementação de aposentadoria, no caso, porque a empresa Central, em que aposentado, não seria subsidiária da extinta RFFSA.

2. A Corte a quo consignou, sem tratar expressamente acerca do argumento, que "a Lei n° 8.186/1991 é clara ao estipular um padrão remuneratório único para todos os ferroviários admitidos na Rede Ferroviária Federal S.A. até 21 de maio de 1993, independentemente de desdobramentos funcionais posteriores. Portanto, o valor da complementação precisa ser semelhante para aposentados da própria RFFSA e de suas subsidiárias que se encontrem em idêntico nível funcional,

sob pena de afronta à isonomia pretendida pelo legislador ordinário ao regular o benefício previdenciário em questão". Acrescentou ainda que "o autor não tem direito à paridade de remuneração (...) pois se aposentou em data posterior à entrada em vigor da Lei nº 10.233/2001 (a redação original do art. 118 já determinava a aplicação dos valores remuneratórios percebidos pelos empregados da RFFSA), a qual determinou que o padrão remuneratório para a complementação da aposentadoria dos ex-ferroviários da RFFSA e subsidiárias (CBTU) é o quadro de remuneração da RFFSA". E por fim, afirmou que, de acordo com o que se depreende das informações constantes às fls. 268, o demandante aposentou-se no cargo de confiança de Assistente Técnico II, Nível 6, da FLUMITRENS, motivo pelo qual tem direito à remuneração dos empregados, ainda em exercício, ocupantes do mesmo nível, na RFFSA". Ressalta-se que a ora embargante não apontou, nas razões do Recurso Especial, ofensa ao art. 1.022 do CPC, a fim de permitir eventual anulação do julgado por omissão.

3. Rever as conclusões assentadas no acórdão recorrido, no sentido de averiguar o preenchimento dos requisitos legais para o reconhecimento do direito à complementação de aposentadoria de ex-ferroviário da extinta RFFSA, demandaria, inequivocamente, o revolvimento das provas dos autos, providência vedada, nesta via, pela Súmula 7/STJ. No mesmo sentido: AgInt no REsp 1.699.882/RJ, Ministro Og Fernandes, DJe 28/5/2018. REsp 1.670.747/RJ, Rel. Sérgio Kukina, DJe 25/4/2018, REsp 1.485.134/PE, Rel. Ministro Herman Benjamin, DJe 20/10/2014; REsp 1.473.375/PE, Rel. Ministro Mauro Campbell Marques, DJe 26/9/2014 e REsp 1.474.484/PE, Rel. Ministra Assusete Magalhães, DJe 11/9/2014.

4. No mais, ficou consignado no acórdão ora embargado que o STJ pacificou seu entendimento – após o julgamento do REsp 1.211.676/RN, relator Ministro Arnaldo Esteves Lima, sob o rito dos Recursos Repetitivos – de que o art. 5º da Lei 8.186/1991 estende aos pensionistas dos ex-ferroviários admitidos na Rede Ferroviária Federal S/A até 31.10.1969

o direito à complementação de pensão, de acordo com as disposições do art. 2º, parágrafo único, que, por sua vez, expressamente assegura a permanente igualdade de valores entre ativos e inativos, tendo sido tal benefício estendido aos ferroviários admitidos pela Rede Ferroviária Federal S.A até 21.5.1991, com o advento da Lei 10.478/2002.

5. A Turma desproveu o apelo com fundamento claro e suficiente, inexistindo omissão, contradição ou obscuridade no acórdão embargado.

6. Os argumentos do embargante denotam mero inconformismo e intuito de rediscutir a controvérsia, não se prestando os Aclaratórios a esse fim.

7. Embargos de Declaração rejeitados.

ACÓRDÃO

Vistos, relatados e discutidos os autos em que são partes as acima indicadas, acordam os Ministros da Segunda Turma do Superior Tribunal de Justiça: "A Turma, por unanimidade, rejeitou os embargos de declaração, nos termos do voto do(a) Sr(a). Ministro(a)-Relator(a)." Os Srs. Ministros Og Fernandes, Mauro Campbell Marques e Assusete Magalhães votaram com o Sr. Ministro Relator. Ausente, justificadamente, o Sr. Ministro Francisco Falcão."

Por esse motivo **o citado §4º foi expressamente revogado** pela Instrução Normativa INSS nº 155, de 26 de Setembro de 2023.

Ademais, **a questão não será apreciada pelo STF por ser infraconstitucional (Tema 726):**

RE 675608 RG

Repercussão Geral – Admissibilidade (Tema 726)

Órgão julgador: ***Tribunal Pleno***

Relator(a): ***Min. RICARDO LEWANDOWSKI***

Julgamento: ***15/05/2014***

Publicação: ***28/05/2014***

Ementa

Ementa: RECURSO EXTRAORDINÁRIO. COMPLEMENTAÇÃO DE *PENSÃO*. EX-*FERROVIÁRIO* DA REDE FERROVIÁRIA FEDERAL – RFFSA. OFENSA INDIRETA AO TEXTO CONSTITUCIONAL. REPERCUSSÃO GERAL. INEXISTÊNCIA. I – O exame da questão constitucional não prescinde da prévia análise de normas infraconstitucionais, o que afasta a possibilidade de reconhecimento do requisito constitucional da repercussão geral. II – Repercussão geral inexistente.

Tema

726 – Montante da complementação de *pensão* devida aos pensionistas de ex-*ferroviários* da extinta Rede Ferroviária Federal – RFFSA.

Tese

A questão do direito ao recebimento da complementação de pensão devida aos pensionistas de ex-ferroviários da extinta Rede Ferroviária Federal S.A. – RFFSA, nos termos da Lei 8.186/1991, que determina a paridade de valores relativos à aposentadoria com o vencimento da ativa, tem natureza infraconstitucional e a ela atribuem-se os efeitos da ausência de repercussão geral, nos termos do precedente fixado no RE 584.608, Relatora a Ministra Ellen Gracie, DJe 13/3/2009.

Com o advento do artigo 23 da Emenda 103/2019, a pensão por morte passou a ter uma cota familiar de 50% mais 10% por dependente, de modo que a questão voltou a gerar problemas jurídicos com situações atuais.

Entretanto, em nenhuma hipótese, a pensão previdenciária complementada poderá ser paga cumulativamente com as pensões especiais previstas nas Leis 3.738, de 3 de abril de 1960, e 6.782, de 20 de maio de 1980, ou quaisquer outros benefícios pagos pelo Tesouro Nacional.

Nesse sentido, a TNU (tema 110):

Tema	**110**	Situação do tema	Julgado	Ramo do direito	DIREITO PREVIDENCIÁRIO
Questão submetida a julgamento	Saber se o valor da pensão por morte de dependentes de ex-ferroviária da RFFSA deve ser complementado, de forma a se equiparar aos valores pagos aos servidores da ativa, independentemente do valor da renda mensal fixada pelo INSS.				
Tese firmada	**É possível a revisão de pensão por morte, para equiparação no mesmo valor dos servidores ativos, nos termos da Lei n. 8.186/91, que trata do regime de complementação de aposentadorias e pensões aos ex-ferroviários da RFFSA.**				
Processo	Decisão de afetação	Relator (a)	Julgado em	Acórdão publicado em	Trânsito em julgado
PEDILEF 2008.70.59.001393-3/ PR	09/10/2013	Juiz Federal Paulo Ernane Moreira Barros	09/10/2013	18/10/2013	17/03/2014

Nos termos do artigo 469 da Instrução Normativa INSS 128/2022, aos ferroviários, servidores públicos ou autárquicos será permitida a percepção cumulativa de aposentadoria devida pela Previdência Social com os proventos de aposentadoria da União, na forma da Lei nº 2.752, de 10 de abril de 1956, tendo direito à dupla aposentadoria os servidores que pertenceram às seguintes Estradas de Ferro da União:

> I – Estrada de Ferro Bahia – Minas;
>
> II – Estrada de Ferro Bragança;
>
> III – Estrada de Ferro Central do Piauí;
>
> IV – Estrada de Ferro Sampaio Corrêa;
>
> V – Estrada de Ferro D. Teresa Cristina;
>
> VI – Estrada de Ferro Goiás;
>
> VII – Estrada de Ferro S. Luiz – Teresina;
>
> VIII – Estrada de Ferro Rede de Viação Cearense;
>
> IX – Viação Férrea Federal Leste Brasileiro;
>
> X – Estrada de Ferro Madeira – Mamoré;
>
> XI – Estrada de Ferro Tocantins;
>
> XII – Estrada de Ferro Mossoró – Souza;
>
> XIII – Estrada de Ferro Central do Brasil, para aqueles que foram admitidos até 24 de maio de 1941, data do Decreto-Lei nº 3.306, de 1941, que transformou essa Ferrovia em Autarquia; e
>
> XIV – Estrada de Ferro Noroeste do Brasil até o Decreto-Lei nº 4.176, de 13 de março de 1942.

Por fim, será devida **pensão por morte** aos dependentes dos ferroviários não optantes aposentados, observadas as seguintes situações[5]:

5. Artigo 465 da Instrução Normativa INSS 128/2022.

I – quando o instituidor for aposentado pela Previdência Social Urbana que recebe complementação por conta do Tesouro Nacional:

a) ao valor mensal da complementação paga ao aposentado, excluído o salário-família, será aplicado o mesmo coeficiente de cálculo utilizado na apuração da renda mensal da pensão; e

b) a parcela obtida de acordo com a alínea "a", será paga aos dependentes como complementação à conta da União;

II – quando o instituidor for aposentado pela Previdência Social Urbana e pelo Tesouro Nacional:

a) será calculada a pensão previdenciária pelas normas estabelecidas para os segurados em geral, tendo por base a aposentadoria previdenciária;

b) em seguida ao disposto na alínea "a", será calculada a pensão estatutária, que corresponderá a 50% (cinquenta por cento) do valor da aposentadoria estatutária, excluído o salário-família, qualquer que seja o número de dependentes, sendo que o valor da aposentadoria estatutária será obtido por meio de informação contida no último contracheque do segurado ou de outro documento que comprove o valor dos proventos na data do óbito;

c) obtido o valor mensal da pensão estatutária, se ele for maior que o da previdenciária, a diferença será paga como complementação à conta da União; e

d) se o valor da pensão estatutária for igual ou inferior ao da previdenciária, prevalecerá esse último;

III – quando o instituidor for aposentado apenas pelo Tesouro Nacional, também denominado como antigo regime especial:

a) será considerado como salário de contribuição para cálculo da Aposentadoria Base o valor mensal da aposentadoria estatutária paga pelo Tesouro Nacional nos 36 (trinta e seis) últimos meses imediatamente anteriores ao óbito do segurado, observados os tetos em vigor; e

b) obtido o valor da Aposentadoria Base, o cálculo da pensão previdenciária obedecerá ao disposto nas normas para os demais benefícios;

IV – para o casos em que for aposentado apenas pela Previdência Social Urbana, o cálculo da pensão obedecerá ao disposto nas normas em vigor à época do evento.

Existe uma discussão se a complementação dos ferroviários ficou prejudicada pela Emenda 103/2019, que previu que é vedada a complementação de aposentadorias de **servidores públicos** e de pensões por morte a seus dependentes que não seja decorrente do disposto nos §§ 14 a 16 do art. 40 ou que não seja prevista em lei que extinga regime próprio de previdência social, respeitado o direito adquirido formado até 13/11/2019.

A TNU entendeu que a Emenda 103/2019 não prejudicou a complementação em questão, em que pese, em teoria, realmente existir novo impedimento constitucional:

Pedido de Uniformização de Interpretação de Lei (Turma) Nº 5000704-38.2023.4.02.5105/RJ

RELATOR: *Juiz Federal FABIO DE SOUZA SILVA*

REQUERENTE: *ROSANIA BERTOLINO DOS SANTOS*

REQUERIDO: *UNIÃO - ADVOCACIA GERAL DA UNIÃO*

REQUERIDO: *INSTITUTO NACIONAL DO SEGURO SOCIAL - INSS*

Inicialmente, o fundamento essencial para a inaplicabilidade §15 do art. 37 da CRFB aos empregados da RFFSA é o fato de a referida norma ser direcionada exclusivamente aos servidores públicos, não abrangendo aqueles que trabalham no regime do emprego público.

CRFB, art. 37, §15: É vedada a complementação de aposentadorias de servidores públicos e de pensões por morte a seus dependentes que não seja decorrente do disposto nos §§ 14 a 16 do art. 40 ou que não seja prevista em lei que extinga regime próprio de previdência social.

E mesmo que assim não o fosse, é importante destacar que, conforme decidido no acórdão paradigma, o §15 do art. 37 da CRFB comporta exceções à sua previsão. No caso, o direito à complementação está previsto em regramento específico que não foi afetado pela EC 103/2019.

O próprio STJ, embora a definição do Tema 473 seja anterior à emenda mencionada, continua aplicando normalmente o mesmo entendimento, o qual em nada foi afetado pela referida alteração constitucional:

ADMINISTRATIVO. PREVIDENCIÁRIO. PROCESSUAL CIVIL. AGRAVO INTERNO NO AGRAVO EM RECURSO ESPECIAL. SERVIDOR PÚBLICO FEDERAL. ALEGADA VIOLAÇÃO AO ART. 1.022 DO CPC/2015. INEXISTÊNCIA. TEMA 473/STJ. EX-FERROVIÁRIO DA REDE FERROVIÁRIA FEDERAL S/A - RFFSA. COMPLEMENTAÇÃO DE PROVENTOS. LEI 8.186/1991 E LEI 10.478/2002. EQUIPARAÇÃO REMUNERATÓRIA COM FERROVIÁRIOS EM ATIVIDADE. CONSONÂNCIA DO ACÓRDÃO RECORRIDO COM A JURISPRUDÊNCIA DO STJ. SÚMULA 568/STJ. TRIBUNAL DE ORIGEM QUE, À LUZ DAS PROVAS DOS AUTOS, CONCLUIU PELA AUSÊNCIA DA CONDIÇÃO DE FERROVIÁRIO. AGRAVANTE QUE DETINHA A CONDIÇÃO DE EMPREGADO PÚBLICO FEDERAL NA DATA DA APOSENTADORIA. REVISÃO. IMPOSSIBILIDADE. SÚMULA 7/STJ. AGRAVO INTERNO DESPROVIDO.

1. A Corte de origem dirimiu, fundamentadamente, a matéria submetida à sua apreciação, manifestando-se acerca dos temas necessários ao integral deslinde da controvérsia, não havendo omissão, contradição, obscuridade ou erro material, afastando-se, por conseguinte, a alegada violação ao art. 1.022 do CPC/2015.

2. Conforme tese firmada por este STJ no Tema 473/STJ: "O art. 5º da Lei 8.186/91 assegura o direito à complementação à pensão, na medida em que determina a observância das disposições do parágrafo único do art. 2º da citada norma, o qual, de sua parte, garante a permanente igualdade de valores entre ativos e inativos".

3. No caso, a Corte de origem consignou que o autor laborou junto à Rede Ferroviária Federal S/A - RFFSA - de 09/1981 a 06/1982, e que, em 1985, voltou a ser contratado pela Rede até dezembro de 1997, quando passou aos quadros da Companhia Ferroviária do Nordeste (CFN antiga Transnordestina Logística S/A).

4. Consoante jurisprudência deste STJ, somente fazem jus à complementação de aposentadoria pleiteada os ex-funcionários da RFFSA que se tornaram empregados da sua sucessora, VALEC, ou uma de suas subsidiárias; que não é o caso em exame, em que o autor foi transferido para a Transnordestina Logística S/A. Precedentes, 5. Ademais, a Corte a quo entendeu que o agravante não detinha a condição de ferroviário na data da aposentadoria, mas de empregado público federal. Assim, inviável a análise da pretensão veiculada no recurso especial, por demandar o reexame do contexto fático-probatório dos autos, atraindo a incidência da Súmula 7/STJ.

6. Agravo interno não provido.

(AgInt no AREsp n. 2.191.543/MA, relator Ministro Afrânio Vilela, Segunda Turma, julgado em 26/8/2024, DJe de 28/8/2024.)

O mesmo raciocínio é aplicado, naturalmente, aos casos de pensão por morte de instituidores ex-funcionários da RFFSA.

*Sendo assim, proponho a fixação da seguinte tese: "**o direito à complementação de aposentadorias e pensões aos ex-ferroviários da RFFSA, para equiparação no mesmo valor dos servidores ativos, nos termos da Lei nº 8.186/91, está fora no âmbito de incidência da proibição prevista no § 15, do art. 37 da CF**".*

*Diante do exposto, voto no sentido de **CONHECER e DAR PROVIMENTO** ao Pedido de Uniformização de Interpretação de Lei, para determinar o retorno dos autos à origem, para que adéque o julgamento à seguinte tese: "o direito à complementação de aposentadorias e pensões aos ex-ferroviários da RFFSA, para equiparação no mesmo valor dos servidores ativos, nos termos*

> *da Lei nº 8.186/91, está fora no âmbito de incidência da proibição prevista no § 15, do art. 37 da CF". Com o trânsito em julgado, devolvam-se os autos com baixa na distribuição.*

Registre-se que a própria IN INSS 128/2022 até o momento não indica a incidência da vedação constante do artigo 37, §15, da Constituição ao caso, inserida pela Emenda 103/2019, pois o novo dispositivo constitucional se refere a servidores públicos, e não a empregados públicos, que é o regime de contratação dos empregados da Rede Ferroviária Federal sob regência da CLT.

Eis o formulário para requerimento administrativo perante a União:

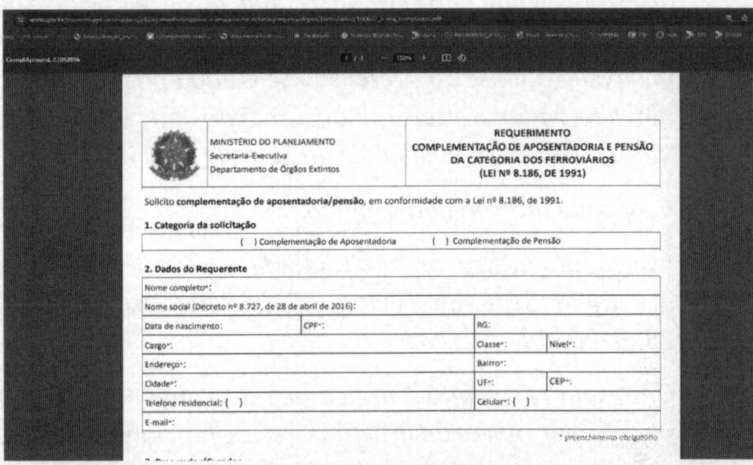

MINISTÉRIO DO PLANEJAMENTO
Secretaria-Executiva
Departamento de Órgãos Extintos

REQUERIMENTO
COMPLEMENTAÇÃO DE APOSENTADORIA E PENSÃO DA CATEGORIA DOS FERROVIÁRIOS
(LEI Nº 8.186, DE 1991)

Solicito **complementação de aposentadoria/pensão**, em conformidade com a Lei nº 8.186, de 1991.

1. Categoria da solicitação

( ) Complementação de Aposentadoria ( ) Complementação de Pensão

2. Dados do Requerente

Nome completo*:			
Nome social (Decreto nº 8.727, de 28 de abril de 2016):			
Data de nascimento:	CPF*:	RG:	
Cargo*:		Classe*:	Nível*:
Endereço*:		Bairro*:	
Cidade*:		UF*:	CEP*:
Telefone residencial: ( )		Celular*: ( )	
E-mail*:			

* preenchimento obrigatório

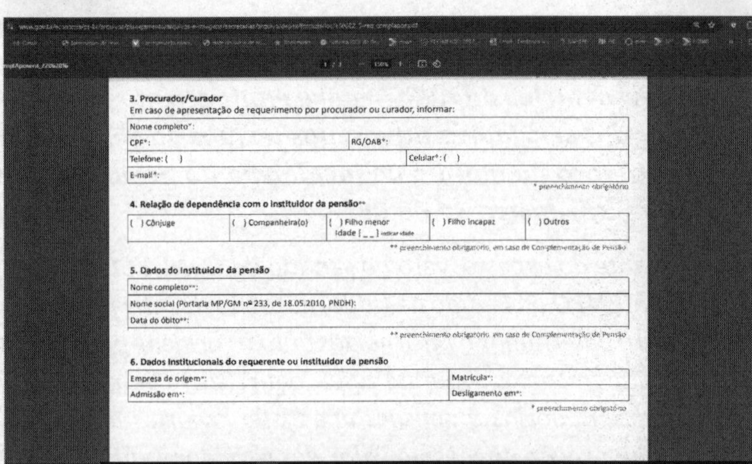

3. Procurador/Curador

Em caso de apresentação de requerimento por procurador ou curador, informar:

Nome completo*:	
CPF*:	RG/OAB*:
Telefone: ( )	Celular*: ( )
E-mail*:	

* preenchimento obrigatório

4. Relação de dependência com o instituidor da pensão**

( ) Cônjuge	( ) Companheira(o)	( ) Filho menor idade [_ _] indicar idade	( ) Filho incapaz	( ) Outros

** preenchimento obrigatório, em caso de Complementação de Pensão

5. Dados do Instituidor da pensão

Nome completo**:
Nome social (Portaria MP/GM nº 233, de 18.05.2010, PNDH):
Data do óbito**:

** preenchimento obrigatório, em caso de Complementação de Pensão

6. Dados Institucionais do requerente ou instituidor da pensão

Empresa de origem*:	Matrícula*:
Admissão em*:	Desligamento em*:

* preenchimento obrigatório

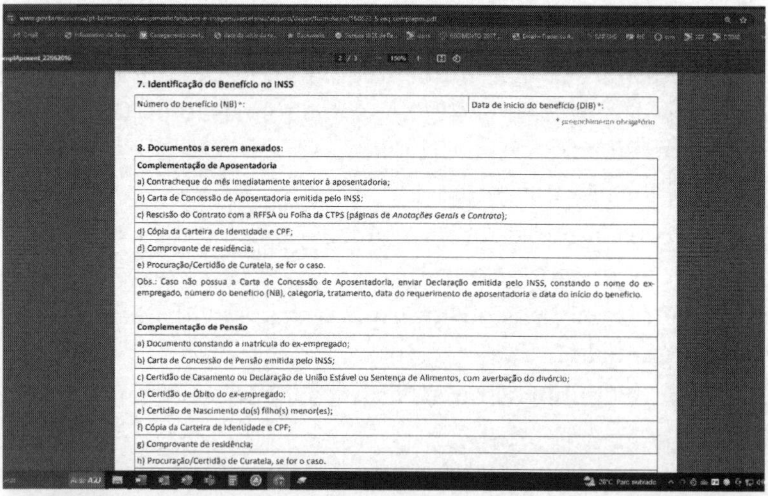

7. Identificação do Benefício no INSS

Número do benefício (NB) *:	Data de início do benefício (DIB) *:

* preenchimento obrigatório

8. Documentos a serem anexados:

Complementação de Aposentadoria
a) Contracheque do mês imediatamente anterior à aposentadoria;
b) Carta de Concessão de Aposentadoria emitida pelo INSS;
c) Rescisão do Contrato com a RFFSA ou Folha da CTPS (páginas de *Anotações Gerais* e *Contrato*);
d) Cópia da Carteira de Identidade e CPF;
d) Comprovante de residência;
e) Procuração/Certidão de Curatela, se for o caso.
Obs.: Caso não possua a Carta de Concessão de Aposentadoria, enviar Declaração emitida pelo INSS, constando o nome do ex-empregado, número do benefício (NB), categoria, tratamento, data do requerimento de aposentadoria e data do início do benefício.

Complementação de Pensão
a) Documento constando a matrícula do ex-empregado;
b) Carta de Concessão de Pensão emitida pelo INSS;
c) Certidão de Casamento ou Declaração de União Estável ou Sentença de Alimentos, com averbação do divórcio;
d) Certidão de Óbito do ex-empregado;
e) Certidão de Nascimento do(s) filho(s) menor(es);
f) Cópia da Carteira de Identidade e CPF;
g) Comprovante de residência;
h) Procuração/Certidão de Curatela, se for o caso.

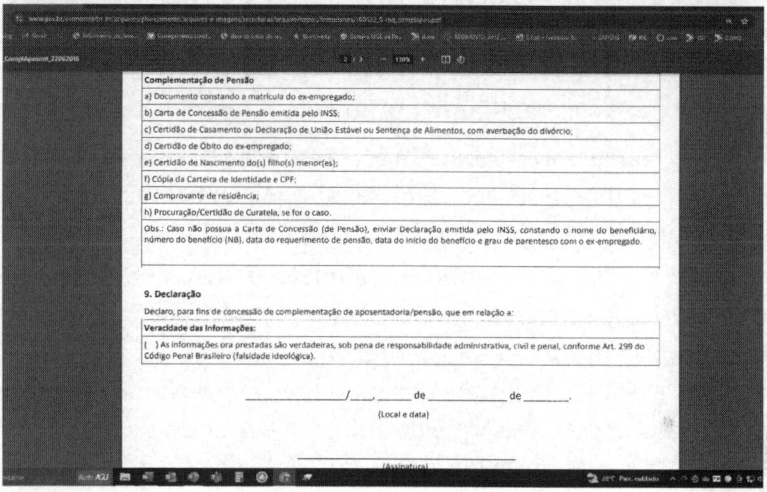

Complementação de Pensão
a) Documento constando a matrícula do ex-empregado;
b) Carta de Concessão de Pensão emitida pelo INSS;
c) Certidão de Casamento ou Declaração de União Estável ou Sentença de Alimentos, com averbação do divórcio;
d) Certidão de Óbito do ex-empregado;
e) Certidão de Nascimento do(s) filho(s) menor(es);
f) Cópia da Carteira de Identidade e CPF;
g) Comprovante de residência;
h) Procuração/Certidão de Curatela, se for o caso.
Obs.: Caso não possua a Carta de Concessão (de Pensão), enviar Declaração emitida pelo INSS, constando o nome do beneficiário, número do benefício (NB), data do requerimento de pensão, data do início do benefício e grau de parentesco com o ex-empregado.

9. Declaração

Declaro, para fins de concessão de complementação de aposentadoria/pensão, que em relação a:

Veracidade das Informações:
( ) As informações ora prestadas são verdadeiras, sob pena de responsabilidade administrativa, civil e penal, conforme Art. 299 do Código Penal Brasileiro (falsidade ideológica).

_______________/___, _____ de __________ de _______.

(Local e data)

____

(Assinatura)

NORMATIZAÇÃO DO INSS – INSTRUÇÃO NORMATIVA 128/2022:

Seção I
Dos Ferroviários Servidores Públicos e Autárquicos Cedidos pela União à Rede Ferroviária Federal S/A

Art. 463. Para efeito de concessão dos benefícios de ex-ferroviários admitidos até 21 de maio de 1991 pela Rede Ferroviária Federal S/A – RFFSA, serão considerados:

I – ferroviários optantes: os servidores do extinto Departamento Nacional de Estradas de Ferro que, mediante opção, foram integrados nos quadros de pessoal da RFFSA, sob submissão da CLT, mantida a filiação à Previdência Social Urbana; e

II – ferroviários não optantes:

a) os servidores públicos ou autárquicos, aposentados, que não puderam se valer do direito de opção;

b) os servidores públicos ou autárquicos, em atividade, que não optaram pelo regime da CLT; e

c) os servidores públicos ou autárquicos, que se encontram em disponibilidade.

Parágrafo único. O disposto no caput se aplica aos benefícios requeridos a partir de 13 de dezembro de 1974, data da publicação da Lei nº 6.184, de 11 de dezembro de 1974, que dispôs sobre a integração de funcionários públicos nos quadros de sociedades de economia mista e empresas públicas, mediante opção pelo regime da CLT.

Art. 464. A concessão de benefícios aos ferroviários optantes, bem como aos seus dependentes, será regida pelas normas estabelecidas para os segurados em geral.

§ 1º É devida a complementação, na forma da Lei nº 8.186, de 21 de maio de 1991, às aposentadorias dos ferroviários e respectivos dependentes, admitidos até 31 de outubro de 1969 na RFFSA ou nas respectivas estradas de ferro, nas unidades operacionais e nas subsidiárias a ela pertencentes, que detinham a condição de ferroviário na data imediatamente anterior à data do início da aposentadoria.

§ 2º Por força da Lei nº 10.478, de 28 de junho de 2002, foi estendido a partir de 1º de abril de 2002, o direito à complementação de aposentadoria, na forma da Lei nº 8.186, de 1991, aos ferroviários admitidos até 21 de maio de 1991 pela RFFSA.

§ 3º A complementação da aposentadoria devida pela União é constituída pela diferença entre o valor da aposentadoria paga pelo INSS e o da remuneração do cargo correspondente ao do pessoal em atividade na RFFSA e suas subsidiárias, com a respectiva gratificação adicional por tempo de serviço.

(revogado pela Instrução Normativa nº 155, de 26 de Setembro de 2023)

§ 5º Em nenhuma hipótese o benefício previdenciário complementado poderá ser pago cumulativamente com as pensões especiais previstas nas Leis nº 3.738, de 4 de abril de 1960, e nº 6.782, de 19 de maio de 1980, ou quaisquer outros benefícios pagos pelo Tesouro Nacional, nos termos do parágrafo único do art. 5º da Lei nº 8.186, de 1991.

Art. 465. Será devida pensão por morte aos dependentes dos ferroviários não optantes aposentados, observadas as seguintes situações:

I – quando o instituidor for aposentado pela Previdência Social Urbana que recebe complementação por conta do Tesouro Nacional:

a) ao valor mensal da complementação paga ao aposentado, excluído o salário-família, será aplicado o mesmo coeficiente de cálculo utilizado na apuração da renda mensal da pensão; e

b) a parcela obtida de acordo com a alínea "a", será paga aos dependentes como complementação à conta da União;

II – quando o instituidor for aposentado pela Previdência Social Urbana e pelo Tesouro Nacional:

a) será calculada a pensão previdenciária pelas normas estabelecidas para os segurados em geral, tendo por base a aposentadoria previdenciária;

b) em seguida ao disposto na alínea "a", será calculada a pensão estatutária, que corresponderá a 50% (cinquenta por cento) do valor da aposentadoria estatutária, excluído o salário-família, qualquer que seja o número de dependentes, sendo que o valor da aposentadoria estatutária será obtido por meio de informação contida no último contracheque do segurado ou de outro documento que comprove o valor dos proventos na data do óbito;

c) obtido o valor mensal da pensão estatutária, se ele for maior que o da previdenciária, a diferença será paga como complementação à conta da União; e

d) se o valor da pensão estatutária for igual ou inferior ao da previdenciária, prevalecerá esse último;

III – quando o instituidor for aposentado apenas pelo Tesouro Nacional, também denominado como antigo regime especial:

a) será considerado como salário de contribuição para cálculo da Aposentadoria Base o valor mensal da aposentadoria estatutária paga pelo Tesouro Nacional nos 36 (trinta e seis) últimos meses imediatamente anteriores ao óbito do segurado, observados os tetos em vigor; e

b) obtido o valor da Aposentadoria Base, o cálculo da pensão previdenciária obedecerá ao disposto nas normas para os demais benefícios;

IV – para os casos em que for aposentado apenas pela Previdência Social Urbana, o cálculo da pensão obedecerá ao disposto nas normas em vigor à época do evento.

Parágrafo único. Os ferroviários aposentados até de 12 de dezembro de 1974, véspera da publicação da Lei nº 6.184, de 1974, ou até 14 de julho de 1975, véspera da publicação da Lei nº 6.226, de 1975, sem se valerem do direito de opção, conservarão a situação anterior a essa última data perante o RGPS.

Art. 466. Os ferroviários não optantes que estavam em atividade ou em disponibilidade farão jus aos benefícios previdenciários até que sejam redistribuídos para outros órgãos da Administração Pública ou que retornem à repartição de origem, desde que atendidos os demais requisitos regulamentares.

Parágrafo único. Para fins de instrução dos pedidos de benefícios, além dos documentos habitualmente exigidos, deverá o segurado apresentar declaração da RFFSA atestando não ter sido redistribuído para outro órgão da Administração Pública e que não retornou à repartição de origem, sem o que não será processado o pedido.

Art. 467. Os segurados que ao se desvincularem da RFFSA reingressarem no RGPS como empregado de outra empresa, contribuinte individual ou facultativo, entre outros, têm direito à complementação da Lei nº 8.186, de 1991, ou da Lei nº 10.478, de 2002, desde que tenham implementado todas as condições exigidas à concessão do benefício na data do desligamento da RFFSA, conforme o disposto na Súmula do STF nº 359, de 13 de dezembro de 1963.

Parágrafo único. Em caso de pedido de revisão com base no caput e se comprovadas as condições na forma da legislação previdenciária, a revisão deve ser processada desconsiderando-se as contribuições posteriores, com a devida alteração do Ramo de Atividade – RA/Forma de Filiação – FF no sistema, informando sobre a revisão, por meio de ofício, ao órgão responsável para as providências a seu cargo.

Art. 468. Os ferroviários servidores públicos ou autárquicos que se aposentaram até 14 de julho de 1975, véspera da publicação da Lei nº 6.226, de 1975, e seus dependentes, terão direito ao salário-família estatutário, não fazendo jus ao salário-família previdenciário.

§ 1º A concessão do salário-família estatutário compete à RFFSA, cabendo ao INSS o seu pagamento, à conta da União, à vista dos elementos fornecidos pelas ferrovias.

§ 2º Quando o ferroviário aposentado falecer recebendo salário-família no Tesouro Nacional, o pagamento pelo INSS, à conta da União, dependerá de comunicação do Ministério da Economia, por meio de suas delegacias regionais, ou órgão que vier a substituí-lo.

Art. 469. Aos ferroviários, servidores públicos ou autárquicos será permitida a percepção cumulativa de aposentadoria devida pela Previdência Social com os proventos de aposentadoria da União, na forma da Lei nº 2.752, de 10 de abril de 1956.

§ 1º Terão direito à dupla aposentadoria os servidores que pertenceram às seguintes Estradas de Ferro da União:

I – Estrada de Ferro Bahia – Minas;

II – Estrada de Ferro Bragança;

III – Estrada de Ferro Central do Piauí;

IV – Estrada de Ferro Sampaio Corrêa;

V – Estrada de Ferro D. Teresa Cristina;

VI – Estrada de Ferro Goiás;

VII – Estrada de Ferro S. Luiz – Teresina;

VIII – Estrada de Ferro Rede de Viação Cearense;

IX – Viação Férrea Federal Leste Brasileiro;

X – Estrada de Ferro Madeira – Mamoré;

XI – Estrada de Ferro Tocantins;

XII – Estrada de Ferro Mossoró – Souza;

XIII – Estrada de Ferro Central do Brasil, para aqueles que foram admitidos até 24 de maio de 1941, data do Decreto-Lei nº 3.306, de 1941, que transformou essa Ferrovia em Autarquia; e

XIV – Estrada de Ferro Noroeste do Brasil até o Decreto-Lei nº 4.176, de 13 de março de 1942.

§ 2º A concessão da aposentadoria obedecerá ao disposto no RGPS.

CAPÍTULO 15

COMPLEMENTAÇÃO DE APOSENTADORIAS E PENSÕES DOS ANTIGOS FUNCIONÁRIOS DO DEPARTAMENTO DE CORREIOS E TELÉGRAFOS: LEI 8.529/1992

Nos termos da Lei 8.529/92, é garantida a complementação da aposentadoria, paga na forma prevista pela Lei Orgânica da Previdência Social (LOPS), aos **empregados da Empresa Brasileira de Correios e Telégrafos (ECT)** que tenham sido integrados nos seus quadros **até 31 de dezembro de 1976**.

Constitui requisito essencial para a concessão da complementação citada ser o empregado originário do **extinto Departamento de Correios e Telégrafos (DCT)**, integrado aos quadros da Empresa Brasileira de Correios e Telégrafos (ECT), com base na Lei n° 6.184, de 11 de dezembro de 1974.

A complementação da aposentadoria devida pela União é constituída pela diferença entre o valor da remuneração correspondente à do pessoal em atividade, acrescida da respectiva gratificação adicional por tempo de serviço a que faz jus o segurado, e o valor da aposentadoria paga pelo Instituto Nacional do Seguro Social (INSS).

Esta complementação também é devida aos ex-empregados da ECT que já se encontram na inatividade, mas optaram pela integração nos seus quadros, sob o regime da Consolidação das Leis do Trabalho (CLT), até 31 de dezembro de 1975.

É igualmente devida pela União a complementação da pensão por morte de empregado da ECT e será paga:

> I – nas pensões conseqüentes de óbitos ocorridos até 4 de outubro de 1988 – no percentual de cotas existentes em 5 de abril de 1991;
>
> II – nas pensões iniciadas a partir de 5 de outubro de 1988 – no percentual definido pelo art. 75 da Lei n° 8.213, de 24 de julho de 1991.

Para os óbitos a partir de 14/11/2019, deve ser observado o novo regramento da pensão por morte do RGPS inaugurado pelo artigo 23 da EC 103/2019.

O reajustamento do valor da complementação da aposentadoria ou pensão obedecerá aos mesmos prazos e condições em que for reajustada a remuneração dos empregados da ECT em atividade.

CAPÍTULO 16

BENEFÍCIO ESPECIAL PELA MIGRAÇÃO PREVIDENCIÁRIA DO SERVIDOR FEDERAL: LEI 12.618/2012

Para os servidores efetivos federais que tenham ingressado no serviço público até a data anterior ao início da vigência do regime de previdência complementar e nele tenham permanecido sem perda do vínculo efetivo, **e que tenham feito a opção** pelo regime de previdência complementar dos servidores federais, assegurou-se o pagamento de um **benefício especial a ser pago pela União no RPPS**.

Isso porque esses antigos servidores promoveram o recolhimento da sua contribuição previdenciária ao RPPS sobre o valor total da sua remuneração, não limitado ao teto do salário de contribuição no RGPS.

Para os servidores que migraram até o ano de 2021, o benefício especial será equivalente à diferença entre a média aritmética simples das maiores remunerações anteriores à data de mudança do regime, utilizadas como base para as contribuições do servidor ao regime de previdência da União, dos Estados, do Distrito Federal ou dos Municípios, atualizadas pelo Índice Nacional de Preços ao Consumidor Amplo – IPCA, divulgado pela Fundação IBGE, ou outro índice que venha a substituí-lo, correspondentes a 80% de todo o período contributivo desde a competência julho de 1994 ou desde a do início da contribuição, se posterior àquela competência, e o limite máximo do salário de contribuição do RGPS, na forma regulamentada pelo Poder Executivo, **multiplicada pelo fator de conversão**.

O fator de conversão é calculado com base na seguinte equação:

$$FC = \frac{Tc}{Tt}$$

O **"Tc – Tempo de contribuição"** é a quantidade de contribuições mensais efetuadas para o regime de previdência da União de que trata o artigo 40 da Constituição Federal (RPPS), efetivamente pagas pelo servidor titular de cargo efetivo da União ou por membro do Poder Judiciário, do Tribunal de Contas e do Ministério Público da União até a data da opção.

O **"Tt"** é um **divisor** utilizado pelo legislador que variará de acordo com o sexo do servidor e também para os professores:

Tt 455	Servidor titular de cargo efetivo da União ou membro do Poder Judiciário, do Tribunal de Contas e do Ministério Público da União, **se homem.** (35 anos geram 455 contribuições, incluindo a gratificação de natal)
Tt 390	Servidor titular de cargo efetivo da União ou membro do Poder Judiciário, do Tribunal de Contas e do Ministério Público da União, **se mulher, ou professor de educação infantil e do ensino fundamental.** (30 anos geram 390 contribuições, incluindo a gratificação de natal)
Tt 325	Servidor titular de cargo efetivo da União de **professor** de educação infantil e do ensino fundamental. (25 anos geram 325 contribuições, incluindo a gratificação de natal)

Já para os **termos de opção firmados a partir do ano de 2022**, houve uma alteração do cálculo do BE que implicou em redução do seu valor, por força da MP 1.119/2022, tanto no que tange à média quanto ao Tt.

De efeito, passou a corresponder à diferença entre a média aritmética simples das remunerações do servidor federal correspondentes a 100% de todo o período contributivo desde o início da contribuição e o limite máximo do teto do RGPS, multiplicada pelo fator de conversão.

Já o **Tt foi elevado para 520**, não havendo mais distinção entre homens e mulheres e professores do ensino básico:

Tt 520	Para todos os servidores e servidoras federais. (40 anos geram 520 contribuições, incluindo a gratificação de natal)

Felizmente esse ponto da MP 1119 foi alterado pelo Congresso Nacional na conversão para a Lei 14.463/2022, **conservando-se para a janela de migração encerrada em 30.11.2022 a mesma fórmula do benefício especial das janelas anteriores:**

> *"§ 2º O benefício especial terá como referência as remunerações anteriores à data de mudança do regime, utilizadas como base para as contribuições do servidor ao regime próprio de previdência da União, e, na hipótese de opção do servidor por averbação para fins de contagem recíproca, as contribuições decorrentes de regimes próprios de previdência dos Estados, do Distrito Federal e dos Municípios, atualizadas pelo Índice Nacional de Preços ao Consumidor Amplo (IPCA), divulgado pela Fundação Instituto Brasileiro de Geografia e Estatística (IBGE), ou pelo índice que vier a substituí-lo, e será equivalente a: (Redação dada pela Lei nº 14.463, de 2022)*
>
> ***I – para os termos de opção firmados até 30 de novembro de 2022****, inclusive na vigência da Medida Provisória*

nº 1.119, de 25 de maio de 2022: a diferença entre a média aritmética simples das maiores remunerações referidas neste parágrafo correspondentes a 80% (oitenta por cento) de todo o período contributivo desde a competência de julho de 1994 ou desde a do início da contribuição, se posterior àquela competência, e o limite máximo a que se refere o ***caput*** *deste artigo, multiplicada pelo fator de conversão; ou (Incluído pela Lei nº 14.463, de 2022)*

II – para os termos de opção firmados a partir de 1º de dezembro de 2022*, em novas aberturas de prazo de migração, se houver: a diferença entre a média aritmética simples das remunerações referidas neste parágrafo correspondentes a 100% (cem por cento) de todo o período contributivo desde a competência de julho de 1994 ou desde a do início da contribuição, se posterior àquela competência, e o limite máximo a que se refere o caput, multiplicada pelo fator de conversão. (Incluído pela Lei nº 14.463, de 2022)*

§ 3º O fator de conversão a que se refere o § 2º deste artigo, cujo resultado é limitado ao máximo de 1 (um), será calculado pela fórmula FC = Tc/Tt, na qual: (Redação dada pela Lei nº 14.463, de 2022)

I – FC: fator de conversão; (Incluído pela Lei nº 14.463, de 2022)

II – Tc: quantidade de contribuições mensais efetuadas para o regime próprio de previdência social da União, dos Estados, do Distrito Federal e dos Municípios de que trata o art. 40 da Constituição Federal, efetivamente pagas pelo servidor titular de cargo efetivo da União ou por membro do Poder Judiciário da União, do Tribunal de Contas da União, do Ministério Público da União ou da Defensoria Pública da União até a data da opção; e (Incluído pela Lei nº 14.463, de 2022)

III – Tt: (Incluído pela Lei nº 14.463, de 2022)

a) para os termos de opção firmados até 30 de novembro de 2022, inclusive na vigência da Medida Provisória nº

1.119, de 25 de maio de 2022: (Incluído pela Lei nº 14.463, de 2022)

1. igual a 455 (quatrocentos e cinquenta e cinco), quando se tratar de servidor titular de cargo efetivo da União ou membro do Poder Judiciário da União, do Tribunal de Contas da União, do Ministério Público da União ou da Defensoria Pública da União, se homem; (Incluído pela Lei nº 14.463, de 2022)

2. igual a 390 (trezentos e noventa), quando se tratar de servidor titular de cargo efetivo da União ou membro do Poder Judiciário da União, do Tribunal de Contas da União, do Ministério Público da União ou da Defensoria Pública da União, se mulher, ou servidor da União titular de cargo efetivo de professor da educação infantil ou do ensino fundamental; ou (Incluído pela Lei nº 14.463, de 2022)

3. igual a 325 (trezentos e vinte e cinco), quando se tratar de servidor titular de cargo efetivo da União de professor da educação infantil ou do ensino fundamental, se mulher; e (Incluído pela Lei nº 14.463, de 2022)

b) para os termos de opção firmados a partir de 1º de dezembro de 2022, em novas aberturas de prazo de migração, se houver: igual a 520 (quinhentos e vinte). (Incluído pela Lei nº 14.463, de 2022)

§ 4º Para os termos de opção firmados até 30 de novembro de 2022, inclusive na vigência da Medida Provisória nº 1.119, de 25 de maio de 2022, o fator de conversão será ajustado pelo órgão competente para a concessão do benefício quando, na forma prevista nas respectivas leis complementares, o tempo de contribuição exigido para concessão da aposentadoria de servidor com deficiência, ou que exerça atividade de risco, ou cujas atividades sejam exercidas sob condições especiais que prejudiquem a saúde ou a integridade física, for inferior ao Tt de que trata a alínea "a" do inciso III do § 3º deste artigo. (Redação dada pela Lei nº 14.463, de 2022)".

Assim, somente se houver no futuro uma nova janela de migração, que dependerá de lei, para migrações a partir de dezembro de 2022 não haverá o descarte de 20% da média de remunerações e o TT será de 520 para todos os servidores federais, quer homens ou mulheres, quer professores e não professores.

Registre que para as migrações perpetradas até 30.11.2022, o TT precisará ser ajustado para servidores com deficiência, atividade de risco e tempo especial por agentes nocivos. Se, por exemplo, for uma aposentadoria de uma mulher com deficiência grave (20 anos de tempo de contribuição, na forma do artigo 22 da Emenda 103/2019 e LC 142/2013), o TT será inferior a 325, que equivale a uma mulher professora do ensino básico, devendo ser editado ato de regulamentação.

No entanto, **de modo manifestamente ilegal**, o artigo 3º, §4º, da **Instrução Normativa SRT/MGI Nº 2, 23 de JANEIRO de 2024,** que estabeleceu orientações, critérios e procedimentos gerais a serem observados pelos órgãos e entidades integrantes do Sistema de Pessoal Civil da Administração Federal - SIPEC, quanto ao cálculo e ao pagamento do Benefício Especial de que trata a Lei nº 12.618, de 30 de abril de 2012, contraria o texto da Lei 12.618/2012:

> ***§ 4º Não haverá ajuste do Tt por ocasião da concessão de aposentadorias amparadas pelos seguintes normativos:***
>
> *I - **Orientação Normativa SRH nº 16, de 23 de dezembro de 2013**: servidor em atividades sob condições especiais que prejudiquem a saúde ou a integridade física;*
>
> *II - **art. 69 da Portaria SGP/SEDGG/ME nº 10.360, de 06 de dezembro de 2022**: servidor em atividades com efetiva exposição a agentes químicos, físicos e biológicos prejudiciais à saúde, ou associação desses agentes, vedada a caracterização por categoria profissional ou ocupação; e*

> *III – servidor público com deficiência aposentado por idade, amparado por ordem concedida em Mandado de Injunção nos termos da **Instrução Normativa SPPS/MPS nº 2, de 13 de fevereiro de 2014, ou com base nos arts. 44 a 53 da Portaria SGP/SEDGG/ME nº 10.360, de 6 de dezembro de 2022**.*

De efeito, diante da amplitude do texto legal, na redação da Lei 14.463/2022, foi previsto que "**para os termos de opção firmados até 30 de novembro de 2022**, inclusive na vigência da Medida Provisória nº 1.119, de 25 de maio de 2022, o **fator de conversão será ajustado** pelo órgão competente para a concessão do benefício quando, na forma prevista nas respectivas leis complementares, o tempo de contribuição exigido para concessão da aposentadoria de **servidor com deficiência, ou que exerça atividade de risco, ou cujas atividades sejam exercidas sob condições especiais que prejudiquem a saúde ou a integridade física**, for inferior ao Tt de que trata a alínea "a" do inciso III do § 3º deste artigo", de modo que a Regulamentação possui uma ilegalidade chapada que salta aos olhos.

Note-se que na APOSENTADORIA POR IDADE da pessoa com deficiência concedida com base em mandado de injunção houve a indevida exclusão para ajuste do Tt, conquanto exija período contributivo mínimo de 15 anos.

Outrossim, nas aposentadorias especiais concedidas com base nos seguintes atos também houve indevida exclusão para ajuste do Tt:

> A) ***Orientação Normativa SRH nº 16, de 23 de dezembro de 2013*** – Art.1º Ficam estabelecidas orientações aos órgãos e entidades integrantes do Sistema de Pessoal Civil da Administração Federal – SIPEC quanto aos procedimentos necessários à análise dos processos de aposentadoria especial com fundamento no art. 57 da Lei nº 8.213, de 24 de

julho de 1991, dos servidores públicos federais amparados por decisão judicial em mandado de injunção julgado pelo Supremo Tribunal Federal;

B) ***Art. 69 da Portaria SGP/SEDGG/ME nº 10.360, de 06 de dezembro de 2022, que equivale ao artigo 21 da EC 103/2019*** – Art. 69. O servidor que tenha ingressado em cargo efetivo da Administração Pública Direta, autárquica e fundacional da União, Estados, Distrito Federal e Municípios até 13 de novembro de 2019, data de entrada em vigor da Emenda Constitucional nº 103, de 2019, cujas atividades tenham sido exercidas com a efetiva exposição a agentes químicos, físicos e biológicos prejudiciais à saúde, ou a associação desses agentes, vedada a caracterização por categoria profissional ou ocupação, serão aposentados desde que cumpram os seguintes requisitos: I – 20 (vinte) anos de efetivo exercício no serviço público; II – 5 (cinco) anos no cargo efetivo em que for concedida a aposentadoria; III – o total da soma resultante da sua idade e do tempo de contribuição for igual a 86 (oitenta e seis) pontos; e IV – 25 (vinte e cinco) anos de efetiva exposição".

Por outro lado, o Tt será ajustado para os servidores com deficiência que se aposentaram POR TEMPO DE CONTRIBUIÇÃO nas seguintes hipóteses:

I – servidor público com **deficiência** amparado por ordem concedida em Mandado de Injunção nos termos da **Instrução Normativa SPPS/MPS nº 2, de 13 de fevereiro de 2014**, ou com base nos **arts. 44 a 53 da Portaria SGP/SEDGG/ME nº 10.360, de 6 de dezembro de 2022**:

a) Tt igual a 325 (trezentos e vinte e cinco), se homem, e 260 (duzentos e sessenta), se mulher, no caso de deficiência grave;

b) Tt igual a 377 (trezentos e setenta e sete), se homem, e 312 (trezentos e doze), se mulher, no caso de deficiência moderada; ou

c) Tt igual a 429 (quatrocentos e vinte e nove), se homem, e 364 (trezentos e sessenta e quatro), se mulher, no caso de deficiência leve.

No que tange aos policiais federais, agentes penitenciários e policiais da Câmara e Senado, o artigo 3º da Instrução Normativa SRT/MGI Nº 2, 23 de JANEIRO de 2024 promoveu os devidos ajustes do Tt:

II – servidor da Carreira de Policial Federal e da Carreira de Policial Rodoviário Federal aposentado com base na Lei Complementar nº 51, de 20 de dezembro de 1985: Tt igual a 390 (trezentos e noventa), se homem, e 325 (trezentos e vinte e cinco), se mulher; ou

III – servidor da Carreira de Policial Federal, da Carreira de Policial Rodoviário Federal e da Carreira de Agente Federal de Execução Penal aposentado com base nos arts. 62 e 63 da Portaria SGP/SEDGG/ME nº 10.360, de 6 de dezembro de 2022: Tt igual a 390 (trezentos e noventa), se homem, e 325 (trezentos e vinte e cinco), se mulher.

Eis as demais regras constantes do citado ato regulamentar:

A) O tempo de contribuição para RPPS será considerado, mesmo que haja quebra de continuidade entre os cargos públicos ou intercalação de vinculação a cargo ou emprego, público ou privado;

B) Para efeito de cálculo do Tc, será considerado todo o período contributivo para o RPPS da União, dos Estados, do Distrito Federal e dos Municípios, desde que tenha ocorrido efetiva contribuição do servidor a esses regimes;

C) É vedada, para fins de cálculo do Benefício Especial, a contagem de tempo de contribuição relativo a período vinculado ao RGPS, inclusive na condição de empregado público, cujo emprego foi transformado em cargo público, nos termos do art. 243 da Lei nº 8.112, de 1990, e ao Serviço de Proteção Social dos Militares;

D) Para o cômputo do tempo de contribuição a RPPS dos Estados, do Distrito Federal, dos Munícipios ou de órgãos que não integram o Sistema Integrado de Administração de Pessoal – SIAPE, de outros Poderes da União ou de órgãos federais constitucionalmente autônomos, será necessária a apresentação prévia de: I – Certidão de Tempo de Contribuição emitida pelo órgão gestor do respectivo RPPS; ou II – Declaração de Tempo de Contribuição emitida pelos órgãos federais de que trata o caput; e III – Declaração emitida pelo órgão gestor do respectivo RPPS ou pelo órgão federal ao qual o servidor esteve vinculado, declarando as competências que foram efetivamente realizadas pelo servidor e as respectivas bases de cálculo de contribuição, sendo estas em relação às competências a partir de julho de 1994.

Registre que o TCU chegou a entender que o **tempo militar** deveria ser considerado para fins de cálculo do benefício especial e do fator de conversão:

> **ACÓRDÃO Nº 965/2024 – TCU – Plenário** – *"9.2. responder ao consulente que* ***o tempo militar federal, estadual e distrital pode ser incluído nas remunerações de contribuição e/ou no fator de conversão do benefício especial previstos no art. 3º, §§ 1º e 3º, da Lei 12.618/2012****, conforme as disposições do art. 22 da mesma lei, c/c os arts. 201, § 9º-A, da Constituição Federal de 1988, 26,* **caput***, da Emenda Constitucional 103/2019 e 100 da Lei 8.112/1990;"*

No entanto, a posição foi revista em sede de julgamento de embargos de declaração:

> Número do Acórdão
>
> **ACÓRDÃO 1930/2024 - PLENÁRIO DO TCU**
>
> Relator
>
> JORGE OLIVEIRA
>
> Processo
>
> 036.695/2019-0 launch

Tipo de processo

CONSULTA (CONS)

Data da sessão

18/09/2024

Número da ata

38/2024 – Plenário

Autor do voto vencedor

BENJAMIN ZYMLER

Interessado / Responsável / Recorrente

3. Interessados/Responsáveis/Recorrentes:

3.1. Recorrente: Advocacia-geral da União (26.994.558/0001-23).

Entidade

Tribunal Superior do Trabalho.

Representante do Ministério Público

Não atuou.

Unidade Técnica

Unidade de Auditoria Especializada em Recursos (AudRecursos); Unidade de Auditoria Especializada em Pessoal (AudPessoal).

Representante Legal

Adriana Ponte Lopes Siqueira (41476/OAB-DF) e Hugo Pedro Nunes Franco (62356/OAB-DF), representando Associação dos Juízes Federais do Brasil; Inocêncio Rodrigues Uchoa (03274/OAB-CE), Francisco Scipião da Costa (23945/OAB-CE) e outros, representando Sindicato dos Servidores da Sétima R da J do Trabalho; Marcelo Bayeh (270889/OAB-SP) e William Pires (447463/OAB-SP), representando Unafisco Nacional – Associação Nacional dos

Auditores-fiscais da Receita Federal do Brasil; Irma Claudia do Nascimento Morais (48255/OAB-DF), representando Advocacia-geral da União; Fernando Pereira Abreu (24945/OAB-DF), Daniel Gonçalves de Oliveira (45617/OAB-GO), Juliana Fernandes Biagi (24974/OAB-DF) e outros, representando Sindifisco Nacional – Sind. Nac. dos Aud. Fiscais da Receita Federal do Brasil.

Assunto

Embargos de declaração em face de acórdão por meio do qual foi emitida resposta a consulta acerca da repercussão do tempo militar no cálculo do benefício especial a que se refere a Lei nº 12.618/2012, que institui o regime de previdência complementar para os servidores públicos federais titulares de cargo efetivo.

Sumário

EMBARGOS DE DECLARAÇÃO. CONSULTA. TRIBUNAL SUPERIOR DO TRABALHO. INDAGAÇÃO QUANTO À POSSIBILIDADE DE CÔMPUTO DE TEMPO DE CONTRIBUIÇÃO DE ATIVIDADE MILITAR FEDERAL, ESTADUAL OU DISTRITAL NA BASE DE CÁLCULO E NO FATOR DE CONVERSÃO DO BENEFÍCIO ESPECIAL A QUE SE REFERE A LEI 12.618/2012. EXISTÊNCIA DE OMISSÃO E CONTRADIÇÃO EM RELAÇÃO AOS ENTENDIMENTOS FIXADOS NO ACÓRDÃO 2.611/2022-PLENÁRIO. NECESSIDADE DE SE MANTER ÍNTEGRA, ESTÁVEL E COERENTE A JURISPRUDÊNCIA DO TRIBUNAL, TENDO EM VISTA O PRINCÍPIO DA SEGURANÇA JURÍDICA. CONHECIMENTO E ACOLHIMENTO DOS EMBARGOS DECLARATÓRIOS COM EXCEPCIONAIS EFEITOS INFRINGENTES.

Acórdão

VISTOS, relatados e discutidos estes autos em que se apreciam, nesta fase processual, embargos de declaração opostos pela União Federal ao Acórdão 965/2024-TCU-Plenário, que apreciou consulta formulada pelo Presidente do

> Tribunal Superior do Trabalho relativamente à utilização de tempo militar para fins de cálculo do benefício especial instituído pela Lei 12.618/2012,
>
> ACORDAM os Ministros do Tribunal de Contas da União, reunidos em sessão do Plenário, ante as razões expostas pelo Revisor e diante do voto de desempate proferido pelo Presidente do Tribunal, com fundamento no art. 34 da Lei 8.443/1992, c/c o art. 287 do RITCU, em conhecer dos embargos de declaração opostos e, no mérito, acolhê-los, atribuindo-lhes excepcionais efeitos infringentes, para conferir ao item 9.2 do acórdão embargado a seguinte redação: ***"9.2. responder ao consulente que não há amparo legal para o cômputo do tempo militar federal, estadual ou distrital nas remunerações de contribuição e/ou no fator de conversão do benefício especial previsto na Lei 12.618/2012;".***

A meu ver, como não há restrição normativa na Lei 12.618/2012 para que o período contributivo anterior ao Plano Real (Julho/1994) seja excluído do cálculo do TC. Nesse sentido, o artigo 2º da RESOLUÇÃO CONJUNTA STF/MPU 3, DE 20 DE JUNHO DE 2018, que se aplica ao Judiciário e MPU:

> *"§ 3º Para efeito de cálculo do Tc, será considerado todo o período contributivo para os regimes próprios de que trata o caput, **inclusive os períodos anteriores à competência julho de 1994**".*

No entanto, a meu ver sem base legal, para o Executivo da União não era considerado no TC o período contributivo anterior à Julho/1994:

> Parecer n. 00601/2018/GCG/CGJOE/CONJUR-MP/CGU/AGU da Consultoria Geral da União e Despacho do Presidente da República:
>
> **"DIÁRIO OFICIAL DA UNIÃO**
>
> Publicado em: 27/05/2020 | Edição: 100 | Seção: 1 | Página: 118

Órgão: Presidência da República/Despachos do Presidente da República

DESPACHO DO PRESIDENTE DA REPÚBLICA

ADVOCACIA-GERAL DA UNIÃO

Processo nº 03154.004642/2018-50. Parecer nº JL – 03, de 18 de maio de 2020, do Advogado-Geral da União, que adotou, nos termos estabelecidos no Despacho do Consultor-Geral da União nº 00043/2020/GAB/CGU/AGU, no Despacho nº 00036/2020/DECOR/CGU/AGU e no Despacho nº 815/2019/DECOR/CGU/AGU, o Parecer nº 00100/2019/DECOR/CGU/AGU da Consultoria-Geral da União. Aprovo. Publique-se para os fins do disposto no art. 40, § 1º, da Lei Complementar nº 73, de 10 de fevereiro de 1993. Em 26 de maio de 2020.

PROCESSO ADMINISTRATIVO Nº: 03154.0046 42/2018-50

INTERESSADOS: PROCURADORIA-GERAL DA FAZENDA NACIONAL

ASSUNTO: BENEFÍCIO ESPECIAL PREVISTO NA LEI Nº 12.618/2012.

PARECER Nº JL – 03

ADOTO, para os fins do art. 41 da Lei Complementar nº 73, de 10 de fevereiro de 1993, nos termos do Despacho do Consultor-Geral da União nº 00043/2020/GAB/CGU/AGU e do Despacho nº 00036/2020/DECOR/CGU/AGU, o anexo Parecer nº 00100/2019/DECOR/CGU/AGU, e submeto-o ao EXCELENTÍSSIMO SENHOR PRESIDENTE DA REPÚBLICA, para os efeitos do art. 40, § 1º, da referida Lei Complementar, tendo em vista a relevância da matéria versada.

Em 18 de maio de 2020.

JOSÉ LEVI MELLO DO AMARAL JÚNIOR

Advogado-Geral da União

"e) para fins de cálculo do Benefício Especial, devem ser consideradas as contribuições previdenciárias efetivamente pagas a partir de julho de 1994 (§ 2º do art. 3º da Lei nº 12.618, de 2012);"

No entanto, esse equivocado posicionamento felizmente foi corrigido com o advento da **Instrução Normativa SRT/MGI Nº 2, 23 de JANEIRO de 2024**, prevendo que "para efeito de cálculo do Tc, **será considerado todo o período contributivo** para o RPPS da União, dos Estados, do Distrito Federal e dos Municípios, **desde que tenha ocorrido efetiva contribuição do servidor a esses regimes".**

Foi prevista uma revisão administrativa a pedido, mas sem o pagamento de atrasados, o que não possui base legal:

> *"Art. 11. Após a concessão do Benefício Especial, o servidor ou o beneficiário de pensão poderá requerer a revisão do benefício ao órgão ou entidade que realiza a sua manutenção.*
>
> *Parágrafo único.* ***Em caso de deferimento do pedido de revisão, o Benefício Especial será recalculado e os efeitos financeiros passarão a viger a partir da data de requerimento".***

É vedada, todavia, a contagem de tempo em que não houve efetiva contribuição do servidor ao RPPS da União, mesmo que o período seja considerado como tempo contributivo para fins de aposentadoria.

Para certificar os períodos efetivamente contributivos vinculados ao RPPS da União, deverão ser observados os seguintes parâmetros:

> I – até 31 de dezembro de 1990, poderão ser consideradas as contribuições efetivamente realizadas pelo funcionário público, ocupante de cargo público regido pela Lei nº 1.711, de 28 de outubro de 1952, para o Plano de Assistência ao

> Funcionário e sua Família de que trata a Lei nº 3.373, de 12 de março de 1958; e
>
> II – a partir de 1º janeiro de 1991, será considerado todo período efetivamente contribuído para o RPPS da União.

Para a certificação do tempo contributivo no âmbito do RPPS da União, poderão ser utilizadas, entre outras, as informações:

> I – constantes dos Sistemas Estruturantes de Gestão de Pessoal da Administração Pública Federal;
>
> II – constantes do assentamento funcional do servidor;
>
> III – apresentadas pelo servidor; e
>
> IV – constantes do Cadastro Nacional de Informações Sociais – CNIS, exclusivamente para certificação dos tempos contributivos anteriores a julho de 1994.

O benefício especial será concedido por ocasião do deferimento da aposentadoria do servidor pelo RPPS, inclusive no caso de aposentação por invalidez, sendo também devido no caso de concessão de pensão por morte do servidor que o recebia ou que teria direito de recebê-lo, e terá a mesma duração da aposentadoria ou pensão paga pelo RPPS, gerando, inclusive, uma **gratificação natalina**.

Também terá direito ao benefício especial o servidor público titular de cargo efetivo da União, inclusive ao membro do Poder Judiciário, do Ministério Público e do Tribunal de Contas da União, **oriundo, sem quebra de continuidade, de cargo público estatutário de outro ente da federação que não tenha instituído o respectivo regime de previdência complementar** e que ingresse em cargo público efetivo federal a partir da instituição do regime de previdência complementar dos servidores federais, considerando-se, para esse fim, o tempo de contribuição estadual, distrital ou municipal, assegurada a compensação financeira entre os Regimes Próprios.

É que esses servidores públicos federais oriundos de outros entes da federação em que também ocupavam cargos de provimento efetivo e que ainda não instituíram o seu regime de previdência complementar também fizeram o recolhimento das suas contribuições previdenciárias pelo valor total da sua remuneração, não tendo sido limitado ao teto do RGPS.

O benefício especial:

> I – é opção que importa ato jurídico perfeito;
>
> II – será calculado de acordo com as regras vigentes no momento do exercício da opção;
>
> III – será atualizado pelo mesmo índice aplicável ao benefício de aposentadoria ou pensão mantido pelo Regime Geral de Previdência Social;
>
> IV – não está sujeito à incidência de contribuição previdenciária; e
>
> V – está sujeito à incidência de imposto sobre a renda.

De acordo com o **Parecer n. 00601/2018/GCG/CGJOE/CONJUR-MP/CGU/AGU** da Consultoria Geral da União, que **não possuía homologação ministerial** (não tinha efeito vinculante na Administração Pública Federal), o benefício especial detém natureza compensatória e integra o patrimônio do participante, não podendo ser extinto para os participantes e assistidos que migraram para o regime de previdência complementar:

> **EMENTA:**
>
> I – Consulta sobre as normas que regulam a concessão e pagamento do Benefício Especial, de que trata o art. 3, §§ 1 a 8, da Lei 12.618/2012.
>
> II – Corroboração dos principais argumentos e conclusões contidos no Parecer Jurídico n. 30/2018/GEJUR/Funpresp-Exe, elaborado pela Gerência Jurídica da Funpresp-Exe e aprovado pela Diretoria Executiva da fundação.

III – **O Benefício Especial possui natureza jurídica compensatória**, e não constitui um benefício previdenciário em sentido estrito, tendo como função compensar os servidores públicos pelas contribuições vertidas ao RPPS sobre base de cálculo superior ao teto do RGPS, isto é, sobre base de cálculo superior à proteção que será disponibilizada pelo próprio RPPS aos servidores.

IV – A adesão ao novo regime previdenciário constitui um ato jurídico perfeito que gera um direito adquirido ao Benefício Especial, **direito esse que passa a integrar o patrimônio jurídico do servidor**, de modo que as regras e condições previstas para a concessão e pagamento do Benefício Especial não podem ser alteradas unilateralmente pela União, sequer por meio de emenda constitucional.

V – Em relação à **forma de cálculo do Benefício Especial**: (i) as contribuições incidentes sobre a gratificação natalina efetivamente pagas pelo servidor antes da adesão ao novo regime previdenciário devem ser incluídas no cálculo do Benefício Especial; (ii) as contribuições pagas por servidores públicos oriundos dos demais entes federativos aos respectivos regimes próprios de previdência social devem ser incluídas no cálculo do Benefício Especial; e (iii) as contribuições pagas por servidores públicos egressos de carreiras militares ao respectivo regime próprio de previdência dos militares não devem ser incluídas no cálculo do Benefício Especial.

VI – Encaminhamento do processo à Consultoria-Geral da União da Advocacia-Geral da União para a avaliação da necessidade de emissão de manifestação vinculante sobre a matéria, tendo em vista a abrangência e complexidade das questões tratadas neste Parecer.

Posteriormente, dando segurança jurídica aos servidores do Poder Executivo da União, restou publicado no DOU de 17/05/2020 o seguinte Despacho do Presidente da República dando os contornos jurídicos do benefício especial:

"DIÁRIO OFICIAL DA UNIÃO

Publicado em: 27/05/2020 | Edição: 100 | Seção: 1 | Página: 118

Órgão: Presidência da República/Despachos do Presidente da República

DESPACHO DO PRESIDENTE DA REPÚBLICA

ADVOCACIA-GERAL DA UNIÃO

Processo nº 03154.004642/2018-50. Parecer nº JL – 03, de 18 de maio de 2020, do Advogado-Geral da União, que adotou, nos termos estabelecidos no Despacho do Consultor-Geral da União nº 00043/2020/GAB/CGU/AGU, no Despacho nº 00036/2020/DECOR/CGU/AGU e no Despacho nº 815/2019/DECOR/CGU/AGU, o Parecer nº 00100/2019/DECOR/CGU/AGU da Consultoria-Geral da União. Aprovo. Publique-se para os fins do disposto no art. 40, § 1º, da Lei Complementar nº 73, de 10 de fevereiro de 1993. Em 26 de maio de 2020.

PROCESSO ADMINISTRATIVO Nº: 03154.0046 42/2018-50

INTERESSADOS: PROCURADORIA-GERAL DA FAZENDA NACIONAL

ASSUNTO: BENEFÍCIO ESPECIAL PREVISTO NA LEI Nº 12.618/2012.

PARECER Nº JL – 03

ADOTO, para os fins do art. 41 da Lei Complementar nº 73, de 10 de fevereiro de 1993, nos termos do Despacho do Consultor-Geral da União nº 00043/2020/GAB/CGU/AGU e do Despacho nº 00036/2020/DECOR/CGU/AGU, o anexo Parecer nº 00100/2019/DECOR/CGU/AGU, e submeto-o ao EXCELENTÍSSIMO SENHOR PRESIDENTE DA REPÚBLICA, para os efeitos do art. 40, § 1º, da referida Lei Complementar, tendo em vista a relevância da matéria versada.

Em 18 de maio de 2020.

JOSÉ LEVI MELLO DO AMARAL JÚNIOR

Advogado-Geral da União

ADVOCACIA-GERAL DA UNIÃO

CONSULTORIA-GERAL DA UNIÃO

GABINETE

SAS, QUADRA 03, LOTE 5/6, 12 ANDAR – AGU SEDE I FONE (61) 2026-8557 BRASÍLIA/DF 70.070-030

DESPACHO nº. 00043/2020/GAB/CGU/AGU

NUP: 03154.004642/2018-50

INTERESSADOS: FUNDAÇÃO DE PREVIDÊNCIA COMPLEMENTAR DO SERVIDOR PÚBLICO FEDERAL DO PODER EXECUTIVO /FUNPRESP

ASSUNTOS: SISTEMA REMUNERATÓRIO E BENEFÍCIOS – BENEFÍCIO ESPECIAL PREVISTO NALEI Nº 12.618, DE 2012

Exmo. Senhor Advogado-Geral da União,

1. Aprovo, nos termos do Despacho nº 36/2020/DECOR/CGU/AGU, o Parecer nº 100/2019/DECOR/CGU/AGU.

2. Consolide-se, por conseguinte, o entendimento no sentido de que o **Benefício Especial**, de que cuida o art. 3º da Lei nº 12.618, de 2012, possui **natureza estritamente compensatória**, voltando-se para reparar as contribuições previdenciárias realizadas para o Regime Próprio de Previdência Social/RPPS pelos servidores públicos que fizeram a opção de que trata o § 16 do art. 40 da Constituição Federal, uma vez que esta opção enseja a percepção de benefícios previdenciários pelo RPPS em valores necessariamente limitados ao teto dos benefícios pagos no âmbito do Regime Geral de Previdência Social/RGPS.

3. O caráter compensatório do Benefício Especial também se deduz da sua fórmula de cálculo, que se constitui,

essencialmente, pela diferença entre as remunerações anteriores à mudança do regime previdenciário, que foram utilizadas como base de cálculo para as contribuições previdenciárias pagas pelo servidor público para o RPPS, e o teto dos valores dos benefícios pagos pelo RGPS, multiplicando-se pelo Fator de Conversão (FC), cujo valor é encontrado a partir da quantidade de contribuições mensais efetivamente recolhidas para o RPPS até a data da opção. A atenta apreciação dos critérios adotados para a metodologia de cálculo do Benefício Especial revela que o legislador buscou estabelecer equânime reparação em favor do servidor que ingressou no Regime de Previdência Complementar, considerando que, a partir da migração de regime, os benefícios previdenciários serão limitados ao teto do RGPS.

4. Fixada a natureza compensatória **(e não previdenciária)** do Benefício Especial de que cuida o art. 3º da Lei nº 12.618, de 2012, **resta inequívoco que a sua fórmula de cálculo é aquela vigente ao tempo da migração do RPPS para o Regime de Previdência Complementar** de que trata o § 16 do art. 40 da Constituição Federal, ou seja, a natureza compensatória do benefício especial enseja necessariamente a conclusão de que **não há respaldo jurídico para superveniente modificação das regras que delimitam seu valor, vigentes ao tempo da migração**.

5. A natureza sinalagmática da opção de que cuida o § 16 do art. 40 da Constituição Federal, associada aos preceitos da segurança jurídica, da proteção constitucional ao ato jurídico perfeito e ao brocardo jurídico do *tempus regit actum* determinam que a **fórmula de cálculo vigente ao tempo da opção** (migração do regime previdenciário) deve ser preservada para fins de pagamento do Benefício Especial.

6. Por fim, quanto às demais questões relacionadas ao Benefício Especial, e na esteira das robustas razões jurídicas postas no Parecer ora acolhido, conclui-se que:

a) é devido o Benefício Especial para aqueles que tenham ingressado no serviço público até a data anterior ao início da vigência do regime de previdência complementar de que trata a Lei nº 12.618, de 2012 (3 de fevereiro de 2013), e, que nele permaneceram sem perda do vínculo efetivo e optaram pelo referido regime de previdência na forma do § 16 do art. 40 da Constituição Federal (inciso II do art. 3º da Lei nº 12.618, de 2012);

b) o valor do Benefício Especial será equivalente a diferença entre a média aritmética simples das maiores remunerações anteriores à data da mudança do regime, utilizadas como base para as contribuições efetuadas no âmbito do RPPS da União, dos Estados, do Distrito Federal ou dos Municípios, atualizadas pelo Índice Nacional de Preços ao Consumidor Amplo (IPCA), e o limite máximo estabelecido para os valores dos benefícios pagos no âmbito do RGPS, multiplicada pelo Fator de Conversão (§§ 2º e 3º do art. 3º da Lei nº 12.218, de 2012);

c) para fins de cálculo do Benefício Especial, o numerador da fração a que se refere a fórmula posta no § 3º do art. 3º da Lei nº 12.618, de 2010, correspondente ao "Tc", pode compreender as contribuições realizadas pelos regimes próprios dos demais entes subnacionais, considerando, precipuamente, que, ao conceder o benefício, **está a União autorizada a promover a compensação financeira entre os regimes próprios**, na forma do § 9º do art. 201 da Constituição Federal. Nestes termos, entendimento contrário ensejaria a possibilidade de enriquecimento sem causa por parte da União. Isto é, haverá locupletamento ilícito caso a União promova a compensação financeira entre os regimes próprios e concomitantemente desconsidere no cálculo do Benefício Especial as contribuições previdenciárias revertidas para os regimes próprios dos demais entes federados;

d) o valor do Benefício Especial será atualizado pelo **mesmo índice aplicável ao benefício de aposentadoria**

ou pensão mantido pelo RGPS (§ 6º do art. 3º da Lei nº 12.618, de 2012);

e) para fins de cálculo do Benefício Especial, devem ser consideradas as contribuições previdenciárias efetivamente pagas a partir de **julho de 1994** (§ 2º do art. 3º da Lei nº 12.618, de 2012);

f) **o Benefício Especial é pago pela União, e não pelo Regime Próprio de Previdência dos servidores federais** (§ 5º do art. 3º da Lei nº 12.618, de 2012);

g) o Benefício Especial será pago por ocasião da concessão da aposentadoria, **inclusive por invalidez, ou pensão por morte** de que cuida o art. 40 da Constituição Federal, e será devido enquanto perdurar o pagamento dos mencionados benefícios (§ 5º do art. 3º da Lei nº 12.618, de 2012);

h) por não possuir natureza previdência, **não incide a contribuição** de que cuida o § 18 do art. 40 da Constituição Federal sobre o Benefício Especial previsto no § 3º do art. 3º da Lei nº 12.618, de 2012, uma vez que a exação referenciada se aplica sobre benefícios de ordem previdenciária, percebidos por aposentados e pensionistas do RPPS;

i) o Benefício Especial não se confunde com o direito acumulado de que cuida o art. 15 e 17 da Lei Complementar nº 109, de 2001;

j) **é devido o pagamento do Benefício Especial junto com o percebimento da gratificação natalina** das aposentadorias ou pensões, na esteira do que é explicitamente posto no § 5º do art. 3º da Lei nº 10.618, de 2012;

k) para fins de cálculo do Benefício Especial, a contribuição incidente sobre a remuneração percebida na ativa a título de gratificação natalina deve ser considerada como contribuição autônoma para fins de fixação do "Tc" a que se refere à sua fórmula de cálculo, de que cuida o § 3º do art. 3º da Lei nº 12.618, de 2012; e

l) o cálculo do Benefício Especial deve considerar as contribuições recolhidas para o Regime Próprio de Previdência da União, dos Estados, do Distrito Federal e dos Municípios, **não incluindo as contribuições destinadas ao regime de previdência dos militares**.

7. Caso acolhido, considerando a transversalidade e relevância da matéria, recomenda-se que seja avaliada a submissão do Parecer ora aprovado ao Excelentíssimo Senhor Presidente da República, e posterior publicação no Diário Oficial da União, de maneira que o entendimento adotado vincule toda a Administração Pública Federal, nos termos do art. 40, § 1º, e art. 41 da Lei Orgânica da Advocacia-Geral da União – Lei Complementar nº 73, de 10 de fevereiro de 1993.

Brasília, 20 de janeiro de 2020.

(assinado eletronicamente)

ARTHUR CERQUEIRA VALÉRIO

Advogado da União

Consultor-Geral da União

ADVOCACIA-GERAL DA UNIÃO

CONSULTORIA-GERAL DA UNIÃO

DEPARTAMENTO DE COORDENAÇÃO E ORIENTAÇÃO DE ÓRGÃOS JURÍDICOS".

Existe posicionamento da AGU, homologado pelo Presidente da República, aduzindo que a divisão do benefício especial entre dois ou mais dependentes deve ser repartida igualmente entre todos os beneficiários da pensão a ser paga em razão do falecimento do servidor em atividade ou do aposentado, assim como de que o valor do benefício especial, integralmente considerado, não sofre qualquer modificação em razão da perda superveniente da condição de dependente por algum dos seus beneficiários, devendo o montante (incólume) ser dividido

igualmente entre os dependentes remanescentes, ou seja, a cota-parte do benefício especial que cabia ao dependente que vier a perder esta condição será revertida igualitariamente em favor dos demais beneficiários da pensão:

DIÁRIO OFICIAL DA UNIÃO

Publicado em: 31/05/2022 | Edição: 102 | Seção: 1 | Página: 6

Órgão: Presidência da República

DESPACHO DO PRESIDENTE DA REPÚBLICA

ADVOCACIA-GERAL DA UNIÃO

Processo nº 19975.121753/2019-87. Parecer nº BBL – 07, de 25 de maio de 2022, do Advogado-Geral da União, que adotou, nos termos estabelecidos no Despacho do Consultor-Geral da União nº 00160/2022/GAB/CGU/AGU, no Despacho nº 00133/2022/DECOR/CGU/AGU e no Despacho nº 00120/2022/DECOR/CGU/AGU, o Parecer nº 00016/2021/DECOR/CGU/AGU. Aprovo. Publique-se para os fins do disposto no art. 40, § 1º, da Lei Complementar nº 73, de 10 de fevereiro de 1993. Em 30 de maio de 2022.

ADVOCACIA-GERAL DA UNIÃO

PROCESSO ADMINISTRATIVO Nº:19975.121753/ 2019-87.

INTERESSADO: PROCURADORIA-GERAL DA FAZENDA NACIONAL.

ASSUNTO: BENEFÍCIO ESPECIAL PREVISTO NA LEI Nº 12.618, DE 2012.

PARECER Nº BBL – 07

ADOTO, para os fins do art. 41 da Lei Complementar nº 73, de 10 de fevereiro de 1993, nos termos do Despacho do Consultor-Geral da União nº 00160/2022/GAB/CGU/AGU, de 6 de abril de 2022, do Despacho nº 00133/2022/DECOR/CGU/AGU, de 5 de abril de 2022 e do Despacho nº 120/2022/

DECOR/CGU/AGU, de 1º de abril de 2022, o Parecer nº 00016/2022/DECOR/CGU/AGU, de 1º de abril de 2022.

Assim, quanto à forma de divisão do benefício especial de que cuida o art. 3º da Lei nº 12.618, de 2012, entre dois ou mais dependentes, consolide-se o entendimento no sentido de que a importância devida deve ser repartida igualmente entre todos os beneficiários da pensão a ser paga em razão do falecimento do servidor em atividade ou do aposentado.

Consolide-se, ainda, a exegese no sentido de que o valor do benefício especial, integralmente considerado, não sofre qualquer modificação em razão da perda superveniente da condição de dependente por algum dos seus beneficiários, devendo o montante (incólume) ser dividido igualmente entre os dependentes remanescentes, ou seja, a cota-parte do benefício especial que cabia ao dependente que vier a perder esta condição será revertida igualitariamente em favor dos demais beneficiários da pensão.

Submeto ao EXCELENTÍSSIMO SENHOR PRESIDENTE DA REPÚBLICA, para os efeitos do art. 40, § 1º, da referida Lei Complementar, tendo em vista a relevância da matéria versada.

Em 25 de maio de 2022.

BRUNO BIANCO LEAL

Advogado-Geral da União

ADVOCACIA-GERAL DA UNIÃO

CONSULTORIA-GERAL DA UNIÃO

GABINETE

SAS, QUADRA 03, LOTE 5/6, 12 ANDAR – AGU SEDE IFONE (61) 2026-8557 BRASÍLIA/DF 70.070-030

<u>DESPACHO n.00160/2022/GAB/CGU/AGU</u>

NUP:19975.121753/2019-87

INTERESSADOS: Procuradoria-Geral da Fazenda Nacional

ASSUNTOS: Benefício especial de que cuida o art. 3º Lei n. 12.618, de 2012, e pensões

Exmo. Senhor Advogado-Geral da União,

1. Aprovo, nos termos do Despacho nº 133/2022/DECOR/CGU/AGU e do Despacho nº 120/2022/DECOR/CGU/AGU, o Parecer nº 16/2022/DECOR/CGU/AGU.

2. Quanto à forma de divisão do benefício especial de que cuida o art. 3º da Lei nº 12.618, de 2012, entre dois ou mais dependentes, consolide-se o entendimento no sentido de que a importância devida deve ser repartida igualmente entre todos os beneficiários da pensão a ser paga em razão do falecimento do servidor em atividade ou do aposentado.

3. Consolide-se, ainda, a exegese no sentido de que a valor do benefício especial, integralmente considerado, não sofre qualquer modificação em razão da perda superveniente da condição de dependente por algum dos seus beneficiários, devendo o montante (incólume) ser divido igualmente entre os dependentes remanescentes, ou seja, a cota-parte do benefício especial que cabia ao dependente que vier a perder esta condição será revertida igualitariamente em favor dos demais beneficiários da pensão.

4. Caso acolhido, recomenda-se a submissão do Parecer e subsequentes Despachos à elevada apreciação do Excelentíssimo Senhor Presidente da República, e posterior publicação no Diário Oficial da União, de maneira que o entendimento adotado vincule toda a Administração Pública Federal, nos termos do art. 40, § 1º, e art. 41 da Lei Orgânica da Advocacia-Geral da União – Lei Complementar nº 73, de 10 de fevereiro de 1993.

Brasília, 06 de abril de 2022.

(assinado eletronicamente)

ARTHUR CERQUEIRA VALÉRIO

Advogado da União

Consultor-Geral da União

ADVOCACIA-GERAL DA UNIÃO

CONSULTORIA-GERAL DA UNIÃO

DEPARTAMENTO DE COORDENAÇÃO E ORIENTAÇÃO DE ÓRGÃOS JURÍDICOS

DESPACHO n.00133/2022/DECOR/CGU/AGU

NUP:19975.121753/2019-87

INTERESSADOS: Procuradoria-Geral da Fazenda Nacional

ASSUNTOS: Benefício especial de que cuida o art. 3º Lei n. 12.618, de 2012, e pensões

Exmo. Senhor Consultor-Geral da União,

1. Aprovo, nos termos do Despacho n. 120/2022/DECOR/CGU/AGU, o Parecer n. 16/2022/DECOR/CGU/AGU.

2. Por ser fator determinante para o deslinde das questões jurídicas em apreciação, deve ser ratificado o entendimento da Advocacia-Geral da União a respeito da natureza do benefício especial de que cuida o art. 3º da Lei n. 12.618, de 2012, o qual possui caráter compensatório, e não previdenciário, bem como a impossibilidade jurídica de superveniente modificação da fórmula de cálculo do benefício especial vigente ao tempo da migração para o Regime de Previdência Complementar.

3. Nestes termos, reitere-se o Parecer JL-03 no sentido de que "*o Benefício Especial, de que cuida o art. 3º da Lei nº 12.618, de 2012, possui natureza estritamente compensatória, voltando-se para reparar as contribuições previdenciárias realizadas para o Regime Próprio de Previdência Social/RPPS pelos servidores públicos que fizeram a opção de que trata o § 16 do art. 40 da Constituição Federal, uma vez que esta opção enseja a percepção de benefícios previdenciários*

pelo RPPS em valores necessariamente limitados ao teto dos benefícios pagos no âmbito do Regime Geral de Previdência Social/RGPS"(trecho do Despacho n. 43/2020/GAB/CGU/AGU, que integra o Parece JL-03).

4. Esta natureza compensatória, e não previdenciária, também se extrai da própria fórmula de cálculo do benefício especial *"que se constitui, essencialmente, pela diferença entre as remunerações anteriores à mudança do regime previdenciário, que foram utilizadas como base de cálculo para as contribuições previdenciárias pagas pelo servidor público para o RPPS, e o teto dos valores dos benefícios pagos pelo RGPS, multiplicando-se pelo Fator de Conversão (FC), cujo valor é encontrado a partir da quantidade de contribuições mensais efetivamente recolhidas para o RPPS até a data da opção. A atenta apreciação dos critérios adotados para a metodologia de cálculo do Benefício Especial revela que o legislador buscou estabelecer equânime reparação em favor do servidor que ingressou no Regime de Previdência Complementar, considerando que, a partir da migração de regime, os benefícios previdenciários serão limitados ao teto do RGPS"*(trecho do Despacho n. 43/2020/GAB/CGU/AGU, que integra o Parece JL-03).

5. A natureza compensatória do benefício especial também pode ser deduzida a partir do que dispõe o § 8º do art. 3º da Lei n. 12.618, de 2012, segundo o qual o exercício da opção de que cuida o § 16 do art. 40 da Constituição *"é irrevogável e irretratável, não sendo devida pela União e suas autarquias e fundações públicas qualquer contrapartida referente ao valor dos descontos já efetuados sobre a base de contribuição acima do limite previsto no caput deste artigo"*(*vide* igualmente parágrafo único do art. 92 da Lei n. 13.328, de 2016), ou seja, nestes casos de ingresso no Regime de Previdência Complementar por servidores públicos que já tinham contribuído para o Regime Próprio de Previdência Social, a única reparação devida pela União será o

pagamento do benefício especial, observada a fórmula de cálculo fixada em lei.

6. Da natureza compensatória (e não previdenciária) do benefício especial decorre, por corolário logicamente consequente, a impossibilidade jurídica de modificação do método de cálculo vigente ao tempo da migração, uma vez que a importância que será devida a título de

reparação das contribuições previdenciárias efetuadas para o RPPS, nos estritos termos estipulados pela lei, foi determinante para realização da opção pelo servidor, ou seja, *"a natureza compensatória do benefício especial enseja necessariamente a conclusão de que não há respaldo jurídico para superveniente modificação das regras que delimitam seu valor, vigentes ao tempo da migração. A natureza sinalagmática da opção de que cuida o § 16 do art. 40 da Constituição Federal, associada aos preceitos da segurança jurídica, da proteção constitucional ao ato jurídico perfeito e ao brocardo jurídico do tempus regit actum determinam que a fórmula de cálculo vigente ao tempo da opção (migração do regime previdenciário) deve ser preservada para fins de pagamento do Benefício Especial".* (trecho do Despacho n. 43/2020/GAB/CGU/AGU, que integra o Parece JL-03)

7. Firme nestas premissas basilares, a colmatação da lacuna da Lei n. 12.618, de 2012, na forma proposta pelo Parecer n. 16/2022/DECOR/CGU/AGU, ora acolhido, parece escorreita, sistematicamente coerente e irreparável. A respeito da percepção do benefício especial nas hipóteses de falecimento do servidor em atividade ou do aposentado, dispõe o § 5º do art. 3º da mencionada lei que *"O benefício especial será pago pelo órgão competente da União, por ocasião da concessão de aposentadoria, inclusive por invalidez, ou pensão por morte pelo regime próprio de previdência da União, de que trata o art. 40 da Constituição Federal, enquanto perdurar o benefício pago por esse regime, inclusive junto com a gratificação natalina".*

8. De fato, a legislação não trata explicitamente da forma de divisão do benefício especial nas hipóteses em que o instituidor da pensão tenha mais de um dependente, nem tampouco há expresso regramento legal a respeito do montante devido a título de benefício especial nas hipóteses em que há superveniente perda da condição de dependente por parte de algum dos beneficiários da pensão, o que enseja a aplicação da analogia e dos princípios gerais de direito para colmatação da lacuna, consoante preconiza o art. 4º da Lei de Introdução às normas do Direito Brasileiro (Decreto- Lei n. 4.657, de 1942).

9. Desta maneira, quanto à primeira questão jurídica, relacionada à forma de divisão do benefício especial, dispõe o art. 257 do Código Civil que "*Havendo mais de um devedor ou mais de um credor em obrigação divisível,* esta presume-se dividida em tantas obrigações, iguais e distintas, *quantos os credores ou devedores*", portanto, a importância devida a título de benefício especial deve ser repartida igualmente entre todos os beneficiários da pensão devida em razão do falecimento do servidor em atividade ou do aposentado, devendo ser pago o benefício especial enquanto perdurar o pagamento da pensão pelo RPPS, inclusive junto com a gratificação natalina.

10. Destaque-se, por pertinente, que esta forma de resolução da lacuna coincide com a divisão da pensão devida no âmbito do RPPS, uma vez que o art. 218 da Lei n. 8.112, de 1990, dispõe que "*Ocorrendo habilitação de vários titulares à pensão, o seu valor será distribuído em partes iguais entre os beneficiários habilitados*".

11. A respeito da segunda questão jurídica, que se relaciona à importância devida a título de benefício especial nas hipóteses em que há superveniente perda da condição de dependente por algum dos titulares da pensão,

observa-se que, no âmbito do Regime Próprio de Previdência Social, dispõe o art. 23, § 1º da Emenda Constitucional

n. 103, de 2019, que as cotas por dependente em regra não serão reversíveis aos demais nestes casos, ressalvada a hipótese expressamente admitida na norma (nos casos em que o número de dependentes remanescente é igual ou superior a cinco).

12. Observa-se, não obstante, que a superveniente perda da condição de dependente não repercute na importância devida a título de benefício especial, essencialmente porque, consoante já consolidado no âmbito da Administração Pública, este benefício não possui caráter previdenciário, desta forma a pensão e o benefício especial regem-se por regimes jurídicos distintos e específicos e, portanto, o regramento posto no o art. 23, § 1º da Emenda Constitucional n. 103, de 2019, não se aplica ao benefício especial. Nestas hipóteses o valor integral do benefício deve permanecer inalterado e ser repartido igualmente entre os dependentes remanescentes por ausência de explícita previsão legal em sentido diverso, bem como em razão da impossibilidade jurídica de alteração da fórmula de cálculo dos valores devidos a título de benefício especial, o qual não sofre qualquer repercussão em razão do número de beneficiários.

13. Ou seja, ao contrário do que consta no art. 23, § 1º da Emenda Constitucional nº 103, de 2019, a quantidade de dependentes é absolutamente irrelevante para fins de cálculo do benefício especial, o que se deduz de atenta leitura do art. 3º e seus parágrafos da Lei n. 12.618, de 2012, desta maneira, verifica-se que a superveniente alteração do número de dependentes nada repercute na fórmula de cálculo do benefício especial.

14. Logo, considerando que, para fins de determinar a importância devida a título de pensão, há expressa previsão normativa que impõe a não reversão das cotas correspondentes em caso de perda superveniente da qualidade de dependente por parte de algum dos titulares do benefício previdenciário; considerando que a Lei n. 12.618, de 2012,

é omissa a respeito do tema no que se refere ao pagamento do benefício especial; considerando que *"o benefício especial não possui natureza previdenciária, é benefício estatutário de natureza compensatória"*(Parecer JL-03); considerando que a quantidade de dependentes é fator absolutamente irrelevante para a fórmula de cálculo do benefício especial; e considerando que a fórmula de cálculo do benefício especial vigente ao tempo da migração não pode ser modificada; aplica-se na hipótese o art. 114 do Código Civil, segundo o qual *"Os negócios jurídicos benéficos e a renúncia interpretam-se estritamente"*, por conseguinte, o valor do benefício especial, integralmente considerado, não sofre qualquer modificação em razão da perda superveniente da condição de dependente por algum dos seus beneficiários, devendo o montante (incólume) ser divido igualmente entre os dependentes remanescentes, ou seja a cota-parte do benefício especial que cabia ao dependente que vier a perder esta condição será revertida em favor dos demais beneficiários.

15. Caso acolhido, sugere-se que, diante da transversalidade e relevância da matéria, seja considerada a possibilidade de submissão do Parecer n. 16/2022/DECOR/CGU/AGU e Despachos subsequentes à elevada apreciação do Excelentíssimo Senhor Presidente da República

para que o entendimento ora acolhido seja adotado de maneira vinculante e uniforme por toda a Administração Pública Federal, consoante preconiza o art. 40, § 1º, e art. 41 da Lei Orgânica da Advocacia-Geral da União (Lei Complementar nº 73, de 1993).

Brasília, 05 de abril de 2022.

VICTOR XIMENES NOGUEIRA

ADVOGADO DA UNIÃO

Existe uma omissão da Lei 12.618/2012 sobre o momento do cálculo do BE: se na data da migração ou na data da

concessão da aposentadoria/pensão por morte. Prevaleceu a segunda posição para a AGU, em manifestação homologada pelo Exmo. Presidente da República:

DIÁRIO OFICIAL DA UNIÃO

Publicado em: 31/05/2022 | Edição: 102 | Seção: 1 | Página: 1

Órgão: Presidência da República

DESPACHO DO PRESIDENTE DA REPÚBLICA

ADVOCACIA-GERAL DA UNIÃO

Processo nº 03154.004642/2018-50. Parecer nº BBL – 06, de 25 de maio de 2022, do Advogado-Geral da União, que adotou, nos termos estabelecidos no Despacho do Consultor-Geral da União nº 00082/2022/GAB/CGU/AGU, no Despacho nº 47/2022/DECOR/CGU/AGU e no Despacho nº 26/2022/DECOR/CGU/AGU, o Parecer nº 31/2021/DECOR/CGU/AGU. Aprovo. Publique-se para os fins do disposto no art. 40, § 1º, da Lei Complementar nº 73, de 10 de fevereiro de 1993. Em 30 de maio de 2022.

PROCESSO ADMINISTRATIVO Nº: 03154.004642/ 2018-50.

INTERESSADO: PROCURADORIA-GERAL DA FAZENDA NACIONAL.

ASSUNTO: BENEFÍCIO ESPECIAL PREVISTO NA LEI Nº 12.618, DE 2012.

PARECER Nº BBL – 06

ADOTO, para os fins do art. 41 da Lei Complementar nº 73, de 10 de fevereiro de 1993, nos termos do Despacho do Consultor-Geral da União nº 00082/2022/GAB/CGU/AGU, de 24 de fevereiro de 2022, do Despacho nº 47/2022/DECOR/CGU/AGU, de 24 de fevereiro de 2022, e do Despacho nº 26/2022/DECOR/CGU/AGU, de 22 de fevereiro de 2022, o Parecer nº 31/2021/DECOR/CGU/AGU, de 21 de fevereiro de 2022, e submeto-o ao EXCELENTÍSSIMO SENHOR PRESIDENTE DA REPÚBLICA, para os efeitos do art. 40, § 1º, da referida Lei Complementar, tendo em vista a relevância da matéria versada.

Em 25 de maio de 2022.

BRUNO BIANCO LEAL

Advogado-Geral da União

ADVOCACIA-GERAL DA UNIÃO

CONSULTORIA-GERAL DA UNIÃO

GABINETE

SAS, QUADRA 03, LOTE 5/6, 12 ANDAR – AGU SEDE IFONE (61) 2026-8557 BRASÍLIA/DF 70.070-030

DESPACHO n. 00082/2022/GAB/CGU/AGU

NUP: 03154.004642/2018-50

INTERESSADOS: Procuradoria-Geral da Fazenda Nacional

ASSUNTOS: Benefício Especial previsto na Lei nº 12.618, de 2012

Exmo. Senhor Advogado-Geral da União,

1. Aprovo, nos termos do Despacho nº 47/2022/DECOR/CGU/AGU e do Despacho nº 26/2022/DECOR/CGU/AGU, o Parecer nº 31/2021/DECOR/CGU/AGU.

2. Nestes termos, submeto as manifestações desta Consultoria-Geral da União à consideração de Vossa Excelência para que, em sendo acolhidas, sejam encaminhadas à elevada apreciação do Excelentíssimo Senhor Presidente da República para os fins dos art. 40, § 1º, e art. 41 da Lei Complementar nº 73, de 10 de fevereiro de 1993.

Brasília, 24 de fevereiro de 2022.

(assinado eletronicamente)

ARTHUR CERQUEIRA VALÉRIO

Advogado da União

Consultor-Geral da União

ADVOCACIA-GERAL DA UNIÃO

CONSULTORIA-GERAL DA UNIÃO

DEPARTAMENTO DE COORDENAÇÃO E ORIENTAÇÃO DE ÓRGÃOS JURÍDICOS

DESPACHO n. 00047/2022/DECOR/CGU/AGU

NUP: 03154.004642/2018-50

INTERESSADOS: Procuradoria-Geral da Fazenda Nacional

ASSUNTOS: Benefício Especial previsto na Lei nº 12.618, de 2012

Exmo. Senhor Consultor-Geral da União,

1. Aprovo, nos termos do Despacho nº 26/2022/DECOR/CGU/AGU, o Parecer nº 31/2021/DECOR/CGU/AGU.

2. Cumpre destacar, por pertinente, que o objeto do Parecer JL-03 (DOU 27/05/2020) não compreendia especificamente a consolidação precisa do momento em que deve ser calculado o Benefício Especial de que cuida o art. 3º da Lei nº 12.618, de 2012, detendo-se referenciada manifestação a uniformizar algumas premissas basilares relacionadas à sua natureza e forma de apuração, tais como o caráter compensatório (e não previdenciário) do Benefício Especial e a impossibilidade jurídica de alteração da fórmula de cálculo do benefício que estava em vigor ao tempo da migração do regime previdenciário pelo servidor público.

3. Nos literais termos do Parecer nº 31/2021/DECOR/CGU/AGU, ora acolhido: "*30. O entendimento adotado no Parecer JL nº 03, de 2020, foi no sentido de considerar que tendo a lei silenciado quanto ao momento do cálculo do benefício especial, a sua realização por ocasião da opção ou*

da concessão da aposentadoria/pensão não pode alterar o regramento a ele aplicado, deve ser aquele vigente na data da opção feita pelo servidor na forma do § 16 do art. 40 da Constituição Federal".

4. Reitere-se, pois, o Despacho nº 43/2020/GAB/CGU/AGU, que integra o Parecer JL-03, segundo o qual "*o Benefício Especial, de que cuida o art. 3º da Lei nº 12.618, de 2012, possui natureza estritamente compensatória, voltando-se para reparar as contribuições previdenciárias realizadas para o Regime Próprio de Previdência Social/RPPS pelos servidores públicos que fizeram a opção de que trata o § 16 do art. 40 da Constituição Federal, uma vez que esta opção enseja a percepção de benefícios previdenciários pelo RPPS em valores necessariamente limitados ao teto dos benefícios pagos no âmbito do Regime Geral de Previdência Social/RGPS*", do que decorre o entendimento no sentido de que a forma de cálculo do benefício é "*aquela vigente ao tempo da migração do RPPS para o Regime de Previdência Complementar de que trata o § 16 do art. 40 da Constituição Federal, ou seja, a natureza compensatória do benefício especial enseja necessariamente a conclusão de que não há respaldo jurídico para superveniente modificação das regras que delimitam seu valor, vigentes ao tempo da migração*", uma vez que a "*natureza sinalagmática da opção de que cuida o § 16 do art. 40 da Constituição Federal, associada aos preceitos da segurança jurídica, da proteção constitucional ao ato jurídico perfeito e ao brocardo jurídico do tempus regit actum determinam que a fórmula de cálculo vigente ao tempo da opção (migração do regime previdenciário) deve ser preservada para fins de pagamento do Benefício Especial*".

5. Sobre a aplicação dos índices de atualização, conclui-se que o Índice Nacional de Preços ao Consumidor Amplo (IPCA) incide especificamente para a atualização de uma das variáveis da fórmula de cálculo do Benefício Especial, recaindo sobre as remunerações auferidas pelo servidor antes da migração do regime previdenciário (§ 2º do art.

3º da Lei n 12.618, de 2012), não havendo respaldo legal para que seja adotado referenciado índice para a correção do Benefício Especial, ou seja, as remunerações do servidor público percebidas antes da migração do regime previdenciário devem ser atualizadas até a concessão da aposentadoria ou pensão pelo IPCA para fins de cálculo da importância que lhe será devida a título de Benefício Especial, consoante § 2º do art. 3º da Lei nº 12.618, de 2012.

6. O IPCA aplica-se, portanto, e tão somente sobre as remunerações do servidor que serão utilizadas na fórmula de cálculo do Benefício Especial, e não sobre as contribuições previdenciárias correspondentes, nem tampouco sobre a importância calculada ou concedida a título de Benefício Especial, tudo em atenção à literalidade do que dispõe o § 2º do art. 3º da Lei nº 12.618, de 2012, aos termos e conclusões do Parecer JL-03 (Despacho nº 43/2020/GAB/CGU/AGU e Parecer nº 100/2019/DECOR/CGU/AGU), bem como em estrita consonância com a*mens legislatoris*, devidamente exposta e demonstrada no Parecer nº 31/2021/DECOR/CGU/AGU, ora aprovado em sua integralidade.

7. Apenas após devidamente calculado e concedido, ou seja, apenas após a concessão da aposentadoria ou pensão, o valor efetivamente pago a título de Benefício Especial será atualizado pelo mesmo índice que corrige os benefícios do Regime Geral de Previdência Social, conforme preconiza o § 6º do art. 3º da Lei nº 12.618, de 2012, atualmente aplicando-se o Índice Nacional de Preços ao Consumidor – INPC, apurado pela Fundação

Instituto Brasileiro de Geografia e Estatística – IBGE (art. 41-A da Lei nº 8.213, de 1991).

8. Desta forma, e nos literais termos do Parecer nº 31/2021/DECOR/CGU/AGU (parágrafo 50), conclui-se que "*sendo o momento da concessão da aposentadoria/pensão aquele em que o cálculo do benefício especial se perfaz, torna-se calculado, é de se concluir que até este momento (concessão da*

aposentadoria/pensão) as remunerações que serão consideradas no seu cálculo serão atualizadas pelo Índice Nacional de Preços ao Consumidor Amplo (IPCA) ou outro índice que venha a substituí-lo, por determinação do § 2º do art. 3º da Lei nº 12.618, de 2012. Calculado e concedido o benefício especial, este, então, passa a ser atualizado pelo mesmo índice aplicável ao benefício de aposentadoria ou pensão mantido pelo regime geral de previdência social (atualmente, o INPC), conforme estabelece o § 6º do art. 3º da Lei nº 12.618, de 2012".

9. Isto posto, este Departamento de Coordenação e Orientação de Órgãos Jurídicos da Consultoria-Geral da União, no regular exercício da competência de uniformização da jurisprudência administrativa de que cuida o art. 14 do Anexo I do Decreto nº 10.608, de 2021, eleva à consideração superior a consolidação dos seguintes entendimentos:

a) "*o valor do Benefício Especial será equivalente a diferença entre a média aritmética simples das maiores remunerações anteriores à data da mudança do regime, utilizadas como base para as contribuições efetuadas no âmbito do RPPS da União, dos Estados, do Distrito Federal ou dos Municípios, atualizadas pelo Índice Nacional de Preços ao Consumidor Amplo (IPCA), e o limite máximo estabelecido para os valores dos benefícios pagos no âmbito do RGPS, multiplicada pelo Fator de Conversão (§§ 2º e 3º do art. 3º da Lei nº 12.618, de 2012)*" – trecho conclusivo do Parecer JL-03 (Despacho nº 43/2020/GAB/CGU/AGU);

b) sem prejuízo da possibilidade jurídica de desenvolvimento de programas que estimem, a título de mera simulação, o valor aproximado do Benefício Especial a ser pago com respaldo no § 1º do art. 3º da Lei nº 12.618, de 2012, e no § 16 do art. 40 da Constituição Federal, o cálculo definitivo do benefício dar-se-á ao tempo da concessão da aposentaria ou pensão;

c) até a concessão da aposentadoria ou pensão, o Índice Nacional de Preços ao Consumidor Amplo (IPCA), divulgado pela Fundação Instituto Brasileiro de Geografia e Estatística (IBGE), ou outro índice que venha a substituí-lo, será utilizado para atualização das remunerações (anteriores à migração do regime previdenciário) que compõem a fórmula de cálculo do Benefício Especial, consoante § 2º do art. 3º da Lei nº 12.618, de 2012, e entendimentos fixados no Parecer JL-03; e

d) após calculado e efetivamente concedido ao aposentado ou pensionista, o Benefício Especial será atualizado pelo mesmo índice aplicável às aposentadorias ou pensões mantidas pelo Regime Geral de Previdência Social, conforme preconiza o § 6º do art. 3º da Lei nº 12.618, de 2012, que atualmente é o Índice Nacional de Preços ao Consumidor – INPC, apurado pela Fundação Instituto Brasileiro de Geografia e Estatística – IBGE, conforme dispõe o art. 41-A da Lei nº 8.213, de 1991.

10. Caso acolhido, diante da relevância e transversalidade da matéria, sugere-se que seja considerada a possibilidade de submissão das manifestações ao Excelentíssimo Senhor Presidente da República para fins de vinculação da Administração, nos termos do art. 40, § 1º, e art. 41 da Lei Complementar nº 73, de 1993.

Brasília, 24 de fevereiro de 2022.

VICTOR XIMENES NOGUEIRA

Esse posicionamento foi preservado no âmbito da **Instrução Normativa SRT/MGI Nº 2, 23 de JANEIRO de 2024:**

"Art. 7º O Benefício Especial será calculado e pago pelo órgão ou entidade a que o servidor estiver vinculado por ocasião da concessão de aposentadoria ou de pensão por morte e perdurará enquanto o benefício previdenciário for pago.

§ 1º O Benefício Especial será pago de ofício pelo órgão ou entidade, sem a necessidade de requerimento do servidor ou do beneficiário de pensão.

§ 2º O valor do Benefício Especial integrará a gratificação natalina.

Art. 8º O valor do Benefício Especial será distribuído em partes iguais entre os beneficiários de pensão habilitados.

Parágrafo único. A cota-parte do Benefício Especial que cabia ao dependente que vier a perder esta condição será revertida igualitariamente em favor dos beneficiários remanescentes.

...

Art. 12. O Benefício Especial:

I – é opção que importa ato jurídico perfeito;

II – tem natureza jurídica compensatória;

III – não está sujeito à incidência de contribuição previdenciária;

IV – está sujeito à incidência de imposto sobre a renda;

V – será calculado no momento da aposentadoria ou pensão, em caso de servidor falecido em atividade;

VI – será atualizado na mesma data e índice em que se der o reajuste dos benefícios do RGPS;

VII – a soma do benefício previdenciário e do Benefício Especial submete-se ao Teto Constitucional; e

VIII – não está submetido:

a) à limitação de que trata o § 2º do art. 40 da Constituição Federal, com redação dada pela Emenda Constitucional nº 20, de 1998, para os benefícios de aposentadoria adquiridos até a entrada em vigor da Emenda Constitucional nº 103, de 12 de novembro de 2019;

b) à limitação de que trata o § 2º do art. 24 da Emenda Constitucional nº 103, de 2019; e

c) às proporcionalidades previstas na aposentadoria".

Já na FUNPRESP/JUD o cálculo oficial já é feito logo após a migração, nos termos da **RESOLUÇÃO CONJUNTA STF/MPU 3, DE 20 DE JUNHO DE 2018:**

> "Art. 3º Apurado o valor do benefício especial, o processo respectivo será submetido à autoridade competente, conforme dispuser regulamentação interna de cada órgão do PJU, do MPU e do CNMP, **para emissão da declaração contendo o valor do benefício no momento da opção.**
>
> § 1º Emitida a declaração, o interessado será cientificado da decisão e o ato será publicado, conforme dispuser o normativo interno de cada órgão do PJU, do MPU e do CNMP, com o respectivo registro em seus assentamentos funcionais.
>
> § 2º O valor apurado do benefício especial será atualizado pelo mesmo índice aplicável ao benefício de aposentadoria ou pensão mantido pelo regime geral de previdência social".

Conforme o **Acórdão 2.611/2022**, da lavra do **Plenário do TCU**, na visão deste órgão de controle externo da União, com o objetivo de uniformizar divergências de entendimento quanto ao regime jurídico do pagamento dos proventos de aposentadoria ou de pensão instituídos por servidores deste Tribunal que realizaram a opção prevista no § 16 do art. 40 da CF/1988, assim como do benefício especial instituído pela Lei 12.618/2012, alterada pela Lei 14.463/2022, foram fixadas as seguintes premissas:

> **a)** o servidor que optou pela limitação do benefício previdenciário do RPPS no valor equivalente ao teto do RGPS, nos termos do § 16 do art. 40 da CF/1988, **não deve sofrer a tributação da contribuição social sobre o pagamento do benefício especial** instituído por meio da Lei 12.618/2012;
>
> **b)** o servidor que optou pela limitação do benefício previdenciário do RPPS no valor equivalente ao teto do RGPS, nos termos do § 16 do art. 40 da CF/1988, e que possui direito ao benefício especial, vindo a falecer em atividade,

terá como base de cálculo da pensão civil a mesma base de cálculo prevista constitucionalmente para todos os servidores vinculados ao RPPS, sendo limitada, para fins de pagamento, no valor máximo dos benefícios do Regime Geral de Previdência Social, **devendo, ainda, perceber o benefício especial instituído por meio da Lei 12.618/2012 em sua integralidade**;

c) o servidor que optou pela limitação do benefício previdenciário do RPPS no valor equivalente ao teto do RGPS, nos termos do § 16 do art. 40 da CF/1988, terá direito ao pagamento cumulativo dos proventos de aposentadoria ou pensão do RPPS limitado ao teto do RGPS, bem como ao benefício especial previsto na Lei 12.618/2012, **cuja soma deverá será limitada pelo teto constitucional previsto no art. 37, XI, da CF/1988**;

d) o servidor que optou pela limitação do benefício previdenciário do RPPS no valor equivalente ao teto do RGPS, nos termos do § 16 do art. 40 da CF/1988, terá direito ao pagamento cumulativo dos proventos de aposentadoria ou pensão do RPPS limitado ao teto do RGPS, bem como ao benefício especial previsto na Lei 12.618/2012, **cuja soma não será limitada pela última remuneração do servidor no cargo efetivo em que se der a aposentadoria**;

e) o servidor que optou pela limitação do benefício previdenciário do RPPS no valor equivalente ao teto do RGPS, nos termos do § 16 do art. 40 da CF/1988, terá direito ao percebimento da **aposentadoria ou pensão do RPPS calculada na forma do art. 26, §1º, da EC 103/2019**, que limita a média aritmética das remunerações históricas ao teto vigente para o RGPS **e sobre a qual incidirá a proporcionalidade prevista para o referido benefício**; o benefício especial, por sua vez, deverá ser calculado na estrita forma prevista na Lei 12.618/2012, admitindo-se a incidência apenas e exclusivamente da proporcionalidade prevista em seu art. 3º, § 3º, ou seja, do fator de conversão, não incidindo sobre o benefício especial qualquer outra proporcionalidade não prevista em lei ou prevista para o benefício de aposentadoria ou pensão do RPPS limitado no teto do RGPS, com o qual ele não se confunde;

f) o servidor que optou pela limitação do benefício previdenciário do RPPS no valor equivalente ao teto do RGPS, nos termos do § 16 do art. 40 da CF/1988, **terá direito a utilizar todos os fundamentos de aposentadoria previstos nas regras de transição da EC 103/2019**, assim como as regras constitucionais referentes às aposentadorias especiais;

g) o servidor que optou pela limitação do benefício previdenciário do RPPS no valor equivalente ao teto do RGPS, nos termos do § 16 do art. 40 da CF/1988, **não terá direito a utilizar tempo de contribuição referente à sua vida militar para fins de percepção do benefício especial instituído por meio da Lei 12.618/2012**, por ausência de previsão legal;

h) o servidor que optou pela limitação do benefício previdenciário do RPPS no valor equivalente ao teto do RGPS, nos termos do § 16 do art. 40 da CF/1988, **terá direito a utilizar tempo de contribuição de outros entes dos regimes próprios dos Estados, do Distrito Federal ou dos Municípios de que trata o art. 40 da CF/1988 para fins de percepção do benefício especial instituído por meio da Lei 12.618/2012**, tendo em vista a existência de expressa autorização legal nesse sentido, após a edição da Lei 14.463/2022; e

i) o servidor que optou pela limitação do benefício previdenciário do RPPS no valor equivalente ao teto do RGPS, nos termos do § 16 do art. 40 da CF/1988, terá direito ao **abono de permanência** calculado nos termos do art. 40, § 19, da CF/1988, ou seja, no valor equivalente ao de sua contribuição previdenciária para o regime próprio.

Considerando que as remunerações são atualizadas pelo IPCA e o valor do benefício especial pelo INPC, os dois caminhos citados chegarão em valores diferentes do benefício especial. O ideal é que o tema seja normatizado.

É possível obter a **simulação do valor do benefício especial neste link** (Funpresp Exe): https://www.funpresp.com.br/migracao-do-rpps-para-o-rpc/simulador-de-beneficio-especial ou diretamente no SIGEPE (https://servidor.sigepe.planejamento.gov.br/SIGEPE-PortalServidor/private/rpc/simularBeneficio.jsf).

O autor da obra é Procurador Federal desde 6 de maio de 2003. Considerando apenas as contribuições para o RPPS federal, em 9 de janeiro de 2019 fez uma simulação do seu benefício especial estimado no sítio do SIGEPE:

Resultado da Simulação

Benefício Especial do RPC

TC203

TT455

FC0.446153847

Média R$ 26192.78

RGPS R$ 5645.80

Diferença R$ 20546.98

Valor estimado do benefício especial - R$ 9.167,10

Por fim, o benefício especial será reajustado anualmente pelo mesmo índice de reajuste dos benefícios do RGPS, que é o INPC, a teor do artigo 41-A[1], da Lei 8.213/91.

1. Art. 41-A. O valor dos benefícios em manutenção será reajustado, anualmente, na mesma data do reajuste do salário mínimo, pro rata, de acordo com suas respectivas datas de início ou do último reajustamento, com base no Índice Nacional de Preços ao Consumidor - INPC, apurado pela Fundação Instituto Brasileiro de Geografia e Estatística - IBGE.

A migração possui vantagens e desvantagens, que variam de acordo com a situação de cada servidor federal e que dependem de eventos futuros e incertos, vez que a legislação pode ser modificada e o plano de custeio/benefícios da previdência complementar também.

Podemos enumerar as **principais vantagens da migração previdenciária:**

- Reduzir o valor mensal pago de contribuição previdenciária, aumentando o líquido mensal;
- Atenuar a aplicação do redutor previsto pelo artigo 24 da EC 103/2019 (não se aplica ao BE e ao RPC);
- Transferência do BE para o pensionista e cabimento na aposentadoria por invalidez sem redução;
- Atenuar o impacto da potencial criação da contribuição extraordinária no RPPS;
- Atenuar o impacto da potencial redução da imunidade do §18 do artigo 40 da CF;
- Dividir as fontes de renda: RPPS, BE e Previdência Complementar (esta, se contratar);
- BE não incide contribuição previdenciária e há direito adquirido de acordo com o valor fixado na data da migração, atenuando o impacto de reformas previdenciárias futuras;
- Possibilidade até de receber acima da remuneração do cargo somadas todas as rendas (APOSENTADORIA RPPS, BE E APOSENTADORIA RPC).

Agora vamos enumerar as **desvantagens**:

- Limitação de aposentadoria e pensão ao teto do RGPS no âmbito do RPPS;
- Valor incerto da aposentadoria da previdência complementar (contribuição definida), em havendo contratação, sujeito ao mercado de investimentos;

- Extinção da aposentadoria complementar, invalidez ou pensão por morte pela FUNPRESP se viver além da expectativa de sobrevida, com concessão de uma renda de sobrevivência em valor inferior;
- Alteração das regras de previdenciárias do Regulamento apenas com o aval da PREVIC após proposta da FUNPRESP;
- Desconto de contribuição previdenciária sobre o benefício pago pela FUNPRESP;
- Possibilidade de criação de contribuição extraordinária para a cobertura de *déficit*;
- Possibilidade de redução de renda de benefícios a conceder;
- Possibilidade, por alteração legal, da extinção do patrocínio da União;
- Possibilidade, em teoria, da intervenção e liquidação extrajudicial da FUNPRESP na situação de desequilíbrio não recuperável.

REFERÊNCIA

AMADO, Frederico. *Curso de Direito e Processo Previdenciário*, tomos 1 e 2. Juspodivm: 2025.

ANOTAÇÕES

ANOTAÇÕES

ANOTAÇÕES

ANOTAÇÕES

EDITORA
JusPODIVM
www.editorajuspodivm.com.br

Impresso por:

Docuprint
CNPJ 01.036.332/0001-99

JUS4427